心里裹着光　一路同行

北新建材党委宣传部　编著

经济日报出版社

北　京

图书在版编目（CIP）数据

心里裹着光 一路同行 / 北新建材党委宣传部编著.
北京：经济日报出版社，2025.5.
ISBN 978-7-5196-1555-0

Ⅰ．D632.5
中国国家版本馆 CIP 数据核字第 2024DE1513 号

心里裹着光 一路同行
XINLI GUOZHEGUANG YILU TONGXING

北新建材党委宣传部　编著

出版发行：	经济日报出版社
地　　址：	北京市西城区白纸坊东街 2 号院 6 号楼
邮　　编：	100054
经　　销：	全国各地新华书店
印　　刷：	文畅阁印刷有限公司
开　　本：	710mm×1000mm　1/16
印　　张：	13.5
字　　数：	150 千字
版　　次：	2025 年 5 月第 1 版
印　　次：	2025 年 5 月第 1 次
定　　价：	69.00 元

本社网址：www.edpbook.com.cn，微信公众号：经济日报出版社
请选用正版图书，采购、销售盗版图书属违法行为
版权专有，盗版必究。本社法律顾问：北京天驰君泰律师事务所，张杰律师
举报信箱：zhangjie@tiantailaw.com　举报电话：(010) 63567684
本书如有印装质量问题，由我社事业发展中心负责调换，联系电话：(010) 63538621

本书编著者名单

编著

北新建材党委宣传部

参编

北新建材龙牌公司

北新涂料有限公司

北新建材战略营销部

北新建材安全环保部

北新建材数字化中心

北新建材联合采购及项目管理部（供应链中心）

序言1
PREFACE I

挺膺担当立中流

人无精神不立，企无精神不强。2023年夏天，北新建材涿州基地遭遇百年不遇的洪灾。面对突发灾难，北新建材自上而下发扬伟大的抗洪精神，意志坚定，措施有力，在危机中育新机，充分彰显北新建材作为央企成员企业的本色和担当，也给所有北新人和建材人留下了宝贵的精神财富。

守土有责，履职尽责。面对突如其来的洪水灾害，涿州基地干部员工坚守一线、英勇无畏、坚韧不拔，广大党员冲锋在前、不畏艰险、勇挑重担，北新人团结一心、众志成城、抗灾自救，地方政府、合作伙伴、兄弟单位和行业协会等大爱驰援，共同在风雨中筑起坚实的堡垒，把百年一遇的洪涝灾害损失降到了最低。

百折不挠，敢于胜利。作为在涿建材央企，面对救灾和复产的巨大压力和重重困难，北新建材敢于担当，敢于胜利，坚信"北新一定行"，把复工复产的第一面旗帜坚定地插在涿州基地的生产线上，一个月便实现全面复产。北新建材抗洪救灾青年突击队被评为"全国优秀青年突击队案例"。

服务人民，创新营销。在这次洪灾中，北新人秉持中国建材集团"材料创造美好世界"的企业使命、北新建材"绿色科技 品质生活"的企业使命，不仅用绿色科技产品援助灾区重建，还以服务灾区人民的美好生活为目标开展了一系列的建材下乡和文化下乡活动，得到当地政府和老百姓的一致认可。2024年，在涿州开办了北新建材第一家北新雨燕工坊，取得灾后涿州市场高达90%的市占率，真正把危机转变为发展的新机遇。

信之弥坚，行则愈远。前进的道路并非都是坦途，坚定信心，不为困境所滞、不为逆境所扰、不为绝境所圄，这是一个国家、一个民族成就历史、铸就辉煌的必经之路，也是一家企业实现高质量发展的成长之路。北新人面对灾难时表现出的团结一心、勇敢无畏，面对困境时科学应变、主动求变，最后变中取胜，都是宝贵的财富。他们是战胜涿州洪灾的中流砥柱！经此一役，让整个社会看到了有能力、有活力、有温度、有责任、有追求的北新建材！

《心里裹着光 一路同行》一书记录了北新建材在抗击涿州洪灾中挺膺担当的感人瞬间和鲜活经验，也蕴藏着北新人为何能战胜洪灾、转危为机的密码和智慧。相信大家看后会有所触动，有所收获。

祝福北新人，祝福北新建材！

中国建材集团党委书记、董事长

周育先

序言2
PREFACE II

用胜利证明北新行

岁月流转，涿州洪灾虽已过去，但抗洪精神一直激励着北新人不断前行。

回望那段难忘的时光，面对巨大灾情，北新人没有畏惧，众志成城，迎难而上。共产党员更是冲锋在前，用自己的实际行动诠释了"关键时刻站得出来、危难关头豁得出来"的政治本色。大家在解决一个个具体困难中积小胜为大胜，快速复工复产，及时向社会传达了"北新行"的明确信号。

在涿州灾后重建过程中，北新建材一直秉承"绿色科技 品质生活"的企业使命，深切关注受灾百姓的需求，不仅将绿色建材送到村民的家门口、免费帮助重灾户修缮房屋，还通过文化下乡等一系列活动给受灾百姓送去慰藉和欢乐，提振他们重建家园的信心。其间，那些为群众纾难解困的瞬间、真诚无私的援助、温暖亲切的问候，无不展现着北新建材和北新人的大爱担当。

敢于胜利，才能走向胜利！从暴雨后北新建材涿州基地全面停摆，到作为涿州市首批企业快速实现复工复产，到灾后市场占有率和品牌影响力的大幅跃升，再到2024年北新建材第一家北新雨燕工坊在涿州基地开业，北新人心怀必胜的信念，攻坚克难、实干勇为、创新求变，一次次用实际行动证明北新人有战胜各种艰难险阻的力量和能力。

洪水再大，终已退去，然而因坚守、抗争、团结、创新而生的精神烙印，却长久刻在北新人的集体记忆中，凝聚在《心里裹着光 一路同行》这本书内，也融汇于北新建材实现高质量发展的征程中。

历史如同川流不息的江河，而精神则是代代相传的火炬。踏平坎坷再出发，我们坚信，只要始终沿着习近平总书记指引的方向奋勇前进，勇于在改革攻坚中打头阵，在高质量发展上当先锋，在为民服务上作表率，我们就一定能把"美好愿景"一笔笔绘成"现实图景"，从胜利不断走向新的胜利！

中国建材股份党委常委、副总裁
薛忠民

序言3
PREFACE III

人民至上　大道同行

岁月不居，时节如流。2023年汛期，涿州遭遇百年不遇的洪水侵袭。

在党中央坚强领导下，广大党员干部勇毅前行，在涿企业彰显责任担当，人民群众同舟共济，取得了抗洪和灾后重建的伟大胜利。

作为央企的一员和在涿优秀代表企业，危难时刻，北新建材一直坚定地与涿州人民在一起，做表率、展担当、显力量、靠得住！作为受灾企业，北新建材涿州基地首批复工复产，创造了灾后复产的奇迹，也极大鼓舞了全市取得抗洪胜利的信心。中央电视台《新闻联播》对此进行了报道。在自身面临救灾和复产的双重压力下，北新建材涿州基地敞开大门，为前来支援的救援及清淤队伍累计300余人免费提供住宿及用餐，供应清洗车辆用水、存放车辆等。在灾后重建过程中，更是坚持人民至上，想群众之所想、急群众之所急、解群众之所困，积极响应和参与政府组织的建材大集，开展绿色建材下乡、文化下乡活动，免费帮助重灾户修缮房屋等，这些都得到涿州老百姓的广泛认可和赞誉。

二十年前，北新建材是第一家进驻涿州高新区的企业，可以说吹响了涿州开发区建设和发展的号角，开了一个好头。二十年间，北新建材涿州基地早已与这片土地血脉相连，在各个领域为涿州市发展持续贡献力量。我们也早已经把北新建材当成一家人，共同把服务人民美好生活作为初心使命，不懈奋斗。

一座城市的繁荣兴盛离不开企业的蓬勃发展。加快建设"京畿强市，美丽涿州"，更离不开像北新建材这样有责任有担当的企业与我们并肩同行，以实际行动守护万家灯火、践行使命担当，助力城市发展能级飞跃。

人民至上，大道同行；风雨淬炼，初心如一；志合谋远，共济向荣。涿州，这片热土孕育无限可能，未来可期，我们与北新的故事也将继续……

河北省民政厅党组成员、副厅长（时任涿州市委书记）蔡炜华

序言4
PREFACE IV

风雨中闪光　北新力量

"前行路上，有风有雨是常态。"2023年的涿州夏天，北新人把洪灾当磨砺，把危机当转机，越是困难的关头，越彰显出北新建材集体的凝聚力、战斗力和成长力，用实干拼搏交出了一份有温度、有担当的初心答卷。

风雨中，有无数闪光的北新人胸怀大局、知重负重、迎难而上。党员干部们冲锋在前，员工们众志成城，合作伙伴们大爱驰援。所有人团结一心，最终战胜了洪灾。北新建材涿州基地也成为涿州首批复工复产企业，并被中央电视台《新闻联播》报道。

重建过程中，有无数大爱的北新人在乡村、在街头、在受灾户家里支援忙碌。为涿州受灾严重的困难家庭免费进行一体化民居装修，参加建材大集、下乡摆摊、开设放心店，把绿色优质产品送到村民身边，提供定制化方案，用实际行动帮助灾区群众解决受损房屋修缮等急迫问题。

市场开拓中，无数有探索精神的北新人，针对灾后市场需求，主动求变，创新营销和服务。开展"好材料适配新农村"的全产品协同试点行动、开设北新雨燕工坊等，不断推动公司向消费类建材制造服务商转型，推进"四个转变"落地，以绿色科技和高品质建材产品服务人民群众的美好生活。

洪灾虽已过去，但抗洪的岁月不能遗忘。灾后，北新建材启动编写《心里裹着光 一路同行》一书，以此铭记北新人在特大自然灾害面前守望相助、众志成城的动人故事和共克时艰、团结奋进的精神。

风雨中闪光，北新力量。我们坚信，在党的坚强领导下，在所有北新人的努力奋斗下，以"绿色科技 品质生活"为使命，用心服务国家建设、服务人民美好生活，就会汇聚起无坚不摧、无往不胜的强大力量。所有北新人也将继续发扬伟大的抗洪精神，为实现公司高质量发展，为以中国式现代化全面推进强国建设、民族复兴伟业不懈奋斗。

北新建材党委书记、董事长、总经理
管　理

序言5
PREFACE V

致敬无畏温暖的北新人

一场雨，考验了一家企业，也淬炼了一群人。

洪水肆虐之际，灾后重建之时，无数北新人站出来，逆流而上，冲锋在前，为企业挽回数百万元损失，及时向社会传达了"我们没问题"的强有力信号。他们驰援灾区，创新服务，用责任和担当撑起灾区人民的一片晴空。

《心里裹着光 一路同行》一书正是对北新人的致敬！那些温暖无畏的故事，触动人心，让我们看到了北新人的团结大爱、勇敢与坚韧；那些真情服务的瞬间，热血滚烫，让我们看到了北新人服务人民、不断创新、永远向上的乐观与强大。

在这场洪灾中，党员干部是主心骨，团员青年是最昂扬的力量。他们以"我先上"的勇气，挑重担、当先锋，在这场"遭遇战"中书写了共产党员、团员青年的担当作为。员工的表现是抗击灾情中最动人的篇章。很多员工家里遭灾却一直坚守工作岗位；有的员工连续抢险和抢救物资，病倒在一线；有的员工用心服务，和受援户处成了亲人……他们勇敢又无私，每个人都闪闪发光。合作伙伴、兄弟企业是最温暖的依靠。他们送来了温暖，提供了依靠，激发了所有人战胜洪灾的信心。北新大家庭是最坚强的后盾。企业上下团结一心，灾后第一时间驰援物资和人员，组织捐款，这些都为涿州基地灾后重建和复工复产提供了强大支持和不竭动力。

这就是北新人，顽强奋进，爱企爱厂，忠于事业。在这场突如其来的洪灾中，每个人都在用不同的方式贡献着自己的力量。他们没有什么豪言壮语，却用实际行动感动着大家。他们的故事比小说还精彩。他们的精神正是推动北新建材高质量发展的不竭动力，鼓舞和教育着我们每一个人。向他们致敬！

北新建材党委副书记、董事、工会主席

张　静

序言6
PREFACE VI

同心同向同行

读了北新建材以涿州抗洪救灾为主题的图书《心里裹着光 一路同行》，内心久久不能平静。字里行间，熟悉的场景和画面在脑海中浮现，让我的记忆瞬间闪回 2023 年的夏天。

当时，一场百年不遇的洪水席卷涿州，我负责的刁窝镇刁四村地势低洼，成了重灾区。灾后，很多房屋损毁，重建压力重重之际，北新建材来了。

北新建材是世界最大的石膏板龙骨集团。"鸟巢"、"水立方"、人民大会堂等国家级工程都使用了北新建材的产品。其涿州基地在洪灾中受灾严重，但他们仅用一个月就实现全面复工复产，很快就投入到涿州的灾后重建中。

他们来后，参加建材大集、成本价摆摊下乡、免费援助重灾户，把用在国家级工程中的产品送到涿州老百姓的身边。其间，为村民们科普灾后房屋修缮知识，进行灾后心理疏导，帮助村民们走出洪灾阴霾。他们还进村办音乐会、开展墙体彩绘活动，以文化"走亲"，让笑容重新回到大家的脸上。

北新建材的员工们与村民一起走过灾后泥泞的街道，一起跟进修缮进度，一起挥汗如雨，一起高歌欢笑，点点滴滴，无不展现了大家在那段难忘时光里同心同向的力量。

这场洪灾，虽然有损失、有困难，但更有勇气与希望。《心里裹着光 一路同行》一书记录的那些团结一心、众志成城的瞬间，那些一起为援助村民、用心服务的故事，温暖着大家，也激励着我们共同为了更美好的涿州、更美好的生活前行！

涿州市刁四村党支部书记
张克伟

序言7
PREFACE VII

团结奋进　沐光而行

在不平凡的 2023 年，涿州经历的历史性的洪灾，给当地居民的生活带来了巨大的冲击，龙牌公司所属的北新建材涿州分公司也严重受灾。但是，在灾难面前，包括涿州分公司员工在内的所有北新人，都展现出了非凡的勇气、坚韧不拔的毅力和无私奉献的精神，成为抗洪救灾和复工复产的中坚力量。他们的步伐在泥泞中稳健坚定，他们的双手在风雨中温暖有力，他们的心灵在阴霾中闪闪发光。

《心里裹着光　一路同行》一书真实记录了这段艰难岁月中的点点滴滴，见证了北新人面对巨大困难时，如何积极自救，迅速复工复产，并通过建材大集、深入县乡灾区一线，把高品质产品应用到民居一体化装修中，将服务送到村民身边，让受损民居一周焕新颜，用实际行动践行"四个转变"，支持灾后重建。灾后创新的服务模式不仅解决了受灾群众的实际需求，更温暖了他们的心灵，展现了企业的社会责任和担当，诠释了"心里裹着光"的真正含义。

这本书不仅是对北新建材涿州分公司抗洪救灾的记录，更是对那些在洪灾中坚守岗位、无私奉献的干部员工以及大爱驰援的朋友们的致敬，也是对所有支持和帮助涿州灾后重建的人们的真挚感谢。

这是一部关于勇气、团结和责任的书，书中的每一个故事都充满了拼搏与希望，蕴含着"人和"的力量。愿这本书能够激励更多人，无论面对何种困难，都能心怀希望，沐光而行，砥砺深耕，笃行致远。

北新建材党委委员、副总经理
邱　洪

序言8
PREFACE VIII

彰显国企担当　共筑品质人居

"人之相敬，敬于德；人之相交，交于情。"企业也是如此。北新建材与天坛家具同属建材行业又都积极践行国企社会责任，"深交"始于2023年涿州洪灾。

灾后，针对房屋泡水损毁问题，金隅集团以及旗下天坛家具积极与政府沟通，了解百姓所需所求，把产品以最优惠价格提供给受灾居民。同时，北新建材也积极响应政府需要，把优质产品送到灾区群众身边，为灾区群众提供修缮房屋的解决方案。

我们都希望为灾区多做些事，于是一拍即合，决定共同为重灾户免费修缮房屋。北新建材携手旗下龙牌，天坛家具联合旗下成品、定制家具品牌，一起从设计、材料到施工，为重灾户提供一体化装修服务，不仅修缮房屋，还同时提升他们的生活品质。

在这个过程中，我们对彼此的了解不断加深。北新建材"绿色科技　品质生活"的企业使命让我们看到作为建材央企的担当与追求。天坛家具一直坚持"客户为本、诚信经营、拼搏奋斗、创新发展"理念。我们再次目标一致，都希望用品质国货为老百姓打造美好人居。

《心里裹着光 一路同行》一书让我进一步了解了北新建材成为世界第一的"秘密"。她的背后有一群可敬可爱、至情至性的北新人。作为同样致力于发展民族品牌、致力于为人民打造美好品质生活的同行者，我们非常高兴能够参与其中，与北新建材一起同行。

为北新点赞，也为我们所有的同路人点赞！

金隅天坛家具公司副总经理

石　蕊

序言9
PREFACE IX

用团结一心筑最坚固的堤坝

当洪水席卷大地，总有坚实的臂膀托起生命之舟。当淤泥掩埋家园，总有温暖的双手打开希望的窗口。自然灾害总是以难以抗拒的力量考验着人们，但也教会我们用团结一心、英勇无畏筑成最坚固的堤坝。

2023年8月，洪水肆虐涿州，北新建材涿州基地被围困，涂料厂也因灾停摆。危急时刻，北新人挺身而出，以非凡的勇气与坚定的决心，众志成城，日夜奋战。从紧急调配急需物资、争分夺秒抢建防洪设施，到深入一线开展救援行动、积极参与灾后重建工作，北新人的身影始终活跃在抗洪复产和灾区重建的第一线，用汗水与智慧筑起了一道道坚不可摧的防洪堤坝，用实际行动诠释了对党和人民事业的无限忠诚，对社会的责任担当，对人民群众的坚定守护。

如今，我们曾经"战斗"过的地方机器轰鸣，车水马龙，洪水退去后的村庄展现着新农村的新面貌，一片生机勃勃。北新人创新产品和服务，活跃在涿州实现乡村振兴、创建美丽乡村的新征程中，用另一种形式守护着人民的美好生活。

作为涿州抗洪救灾的亲历者和见证人，我为自己能够身处这样一个勇于担当、无私奉献、敢于胜利的集体而感到无比骄傲和自豪！我们所有涂料人也将带着这股力量一路前行，为擦亮北新涂料名片，实现中国涂料工业复兴而不懈奋斗！

北新涂料董事长

陈　燕

目录
Contents

第一章　北新家园 / 1

　　北新在这里生发 / 2

　　国家级绿色工厂 / 9

第二章　众志成城 / 17

　　全员平安 / 18

　　要保住员工的饭碗 / 24

　　党旗飘扬在一线 / 32

　　北新就是最大的底气 / 38

　　15 天驻守打硬仗 / 47

　　风雨同舟的伙伴 / 55

　　每个人的坚守，一群人的众志成城 / 60

第三章　转危为机 / 73

　　质量和信誉，我们永远的追求 / 74

　　灾后第 11 天，龙骨厂率先复产 / 81

　　登上央视《新闻联播》/ 89

　　灾后第 14 天，涂料厂复产 / 94

　　产销量同比上升，矿棉板厂的复产奇迹 / 101

第四章　创新营销 / 111

　　下乡摆摊摆出了建材大集 / 112

　　一周焕新居 / 118

　　手绘乡村新画卷 / 123

　　村头的"人和"大联欢 / 129

　　墨香润民心 / 136

　　千里不为远，山海心相连 / 141

第五章　转型发展 / 147

　　加快"四个转变"，彰显央企担当 / 148

　　回访记：用好材料适配新农村 / 154

　　再次唱响刁窝镇 / 160

　　涿州试点试出工厂店 / 165

　　向绿而行 / 171

　　逐浪数字潮 / 177

后记 / 185

　　生生不息的文化根脉 / 186

第一章

北新家园

北新在这里生发

从北京西三旗到涿州，北新建材在涿州基地生发。扎根的过程虽有艰辛，但奋斗充满着无穷魅力，总是吸引着无数敢想敢干的人投身其中，执着向前。这就是北新人，从不惧怕困难，从不停止脚步。

1979年，改革开放春潮涌动，万象更新。

在北京海淀区西三旗附近一平方公里的土地上，一座现代化的新型建筑材料厂拔地而起，这便是北新建材的前身——在邓小平同志亲切关怀下建立的北京新型建筑材料试验厂。

彼时，石膏板作为一种新型建材在欧美等国已有数十年的发展史，但在国内却还是新生事物。从诞生之日起，北新建材便以打造世界级中国自主品牌为己任，一路拼搏，一路创新，才有了今日的北新建材——全球最大的石膏板龙骨产业集团，防水业务规模位居全国行业前三，涂料业务北新嘉宝莉位居全国建筑涂料第四、中华老字号百年"灯塔"服务大国重器、金牌老字号"大桥"油漆是中国工业防护涂料的领军品牌，拥有国内外产业基地120个。

从西三旗到涿州

2000年年初，北京城市建设快速发展，西三旗周边区域也发生了巨大变化：大片的农田渐渐变为住宅区，商业配套也逐渐完善，日益繁华。置身其中的北新建材也开始提前布局，计划把生产线外迁，筹谋更远大的发展。

彼时，涿州高新区正在招商引资，按照当时涿州市的规划，那里将成为涿州市承接高新技术产业发展的重要平台，对接京津的"桥头堡"。涿州高新区位于京石高速附近，离北京只有65公里，多方面条件都比较理想。

经过充分调研后，北新建材最终决定集中人力物力，在涿州高新区新建一座高标准的生产基地。新基地占地500亩，承接来自西三旗厂区的人员和设备。

干事创业不惧困难

作为第一家入驻涿州高新区的企业，一切都是从零开始。很多参与过西三旗基地建设的老师傅们，主动请缨加入搬迁筹备小组。就这样，一支"先锋队"从北京被派往涿州。

2004年8月，北新建材在涿州投建的第一个项目——年产5000万平方米石膏板生产线项目开工建设。当时，北新建材购买的地块上还留有树木、坟茔等，一片自然原始状态。涿州高新区许多设施也不完善，水电和天然气都未开通。

但北新人干事创业从来不惧困难。没有水，就自己打井解决；没有电，就积极协调政府部门。最终在涿州市政府的大力支持下，将电力专线接到涿州基地，成功保障了供电需求。

没有开通天然气是个大问题，因为北新建材即将在这里建设的是一条以天然气为热源的年产5000万平方米的石膏板生产线。按照规划，每日生产所需的用气量为6万立方米。作为一个县级市，当时涿州的市政管网尚不能满足需求——天然气管网每天只能输送2万立方米，且大都是民用。涿州市政府也非常重视这个问题，多次协商后，最终引进了昆仑燃气公司，直接把天然气管网引进到涿州基地，彻底解决了天然气问题。

水、电、气问题的顺利解决，为后期正常建设和生产提供了可靠保障，大家心里的大石头也落了地。

经过近一年的建设，一座现代化工厂拔地而起。四层的办公楼、楼前的北新"人和"石，还有一座座高大的蓝色屋顶的厂房依次排列，在涿州高新区显得格外醒目。

2006年8月，涿州基地年产5000万平方米石膏板生产线进行试生产；2007年12月，正式投产运行。这条石膏板生产线是当时公司最先进的生产线，不仅以天然气为热源，还使用电厂废弃的脱硫石膏为原料生产石膏板。当时，为了实现100%以电厂脱硫石膏为原料生产石膏板，公司研发出了国内最大的单机煅烧能力50t/h的锤式打散烘干煅烧技术。此项工艺技术首先在涿州生产线上得到了成功应用。不久后，龙骨装饰板生产线也由西三旗搬入新建的涿州基地。

2010年年初，涿州基地迎来了二次建设。按照公司决定，西三旗总厂的矿棉板厂、涂料厂、装配公司也陆续迁入涿州基地。涿州基地认真研究，积极协调，2011年圆满完成了二次搬迁和建设工作。

涿州基地生产的石膏板、矿棉板、涂料等产品严守北新建材的高标准生产规范，获得行业高度认可，也获得市场的良好反馈。涿州基地因此受到了涿州市政府多次好评和嘉奖。

而北新建材涿州基地的建成也在一定程度上推动了涿州高新区

的引资工作，吸引很多企业前来参观，后来清华同方等多家企业纷纷进驻。

自投产后，涿州基地充分依托涿州高新区的区位优势、资源优势，全面辐射北京及周边市场，进一步巩固并扩大了北新建材在北方地区的竞争优势。目前，涿州基地由归属于北新建材龙牌公司的北新建材涿州分公司和归属于北新涂料的龙牌涂料涿州分公司组成。

无悔的决定

搬迁到涿州是为了公司更好地发展，但对于很多原本在西三旗厂工作的员工来说，却是两难的选择：一方面，北京的员工家里上有老下有小，要搬迁到涿州，势必难以照顾好家庭，家属需要做出很大牺牲；另一方面，身为北新人，他们又希望到涿州大展拳脚，开辟一片新天地。

当时，在公司的动员以及员工家属的大力支持下，先后有近百名员工离开北京，投入到涿州基地的建设和发展中，其中很多员工家庭长期两地甚至三地分居，夫妻俩和孩子各在一个地方。

为此，公司专门安排大巴车，每周往返于北京和涿州之间。每周一早上，两辆大巴车从北京西三旗出发，驶向涿州；周三傍晚，又从涿州返回北京；周四一早，再从北京出发至涿州；周五，又从涿州返回至北京……就这样循环往复，春去秋来，寒来暑往，延续

北京——涿州

涿州——北京

至今。近二十年来，他们就这样在北京和涿州之间来回奔波了不知多少个日日夜夜。

这背后自然少不了家属的支持。有位员工说，他妻子一个人既要照顾老人的生活，又要接送小孩上下学，尤其在老人生病时，为了不影响他工作，经常瞒着他独自照顾。有次回家，看着妻子熟练地爬高换灯泡，又熟练地修水管，他心里既愧疚又充满感激。

北新类似的故事还有很多。有位员工说起，妻子带着孩子来探望他，激动得半夜睡不着觉；夫妻俩都在外地，只能打电话给住在奶奶家的孩子庆祝生日，一家人唱生日歌时都笑中带着泪；冬天回北京路上堵车，一车人黑夜里互相安慰，故作镇定，其实内心焦灼，归心似箭……那些往事再提起时已化作云淡风轻，但听起来仍是那么触动人心。

特别在项目建设初期，条件比较艰苦，基地没有宿舍，大家就在当地租房住，平时吃饭就在工地。随着工厂的建成投产，越来越多北京员工来到涿州工作。基地也建好了宽敞明亮的宿舍楼，里面家具和电器一应俱全，彻底解决了大家的住宿问题。早期大家还利用宿舍周围的空地种菜、养鸡、养花，鸡犬相闻，俨然一片生活小天地。后来，基地美化得越来越漂亮，又建了乒乓球室等文娱室，定期组织员工开展一些娱乐活动，丰富大家生活。

随着时间流逝，北京的员工积极融入涿州的生活，很多人也把孩子接到涿州上学和生活，还有一些年轻人选择在这里成家。另外，一些涿州本地人也加入进来，成为北新人，他们和北京来的员工一起奋斗拼搏。

筚路蓝缕，以启山林。开拓扎根的过程虽有艰辛，但奋斗充满着无穷魅力，总是吸引着无数敢想敢干的人投身其中，执着向前。这就是北新人，从不惧怕困难，从不停止脚步。

如今，涿州基地已经深深扎根于这片沃土，走进当地老百姓的心里。从西三旗到涿州，北新建材在这里生发，已长成大树，郁郁葱葱、亭亭如盖……

国家级绿色工厂

从一片农田到国家级绿色工厂，涿州基地的发展之路是北新建材绿色发展的生动实践。我们从中看到了员工们无私奉献与实干创新的精神，感受到了北新建材现场管理理念的精细高效与科技创新的强大力量，更重要的是，我们见证了绿色发展的无限可能。

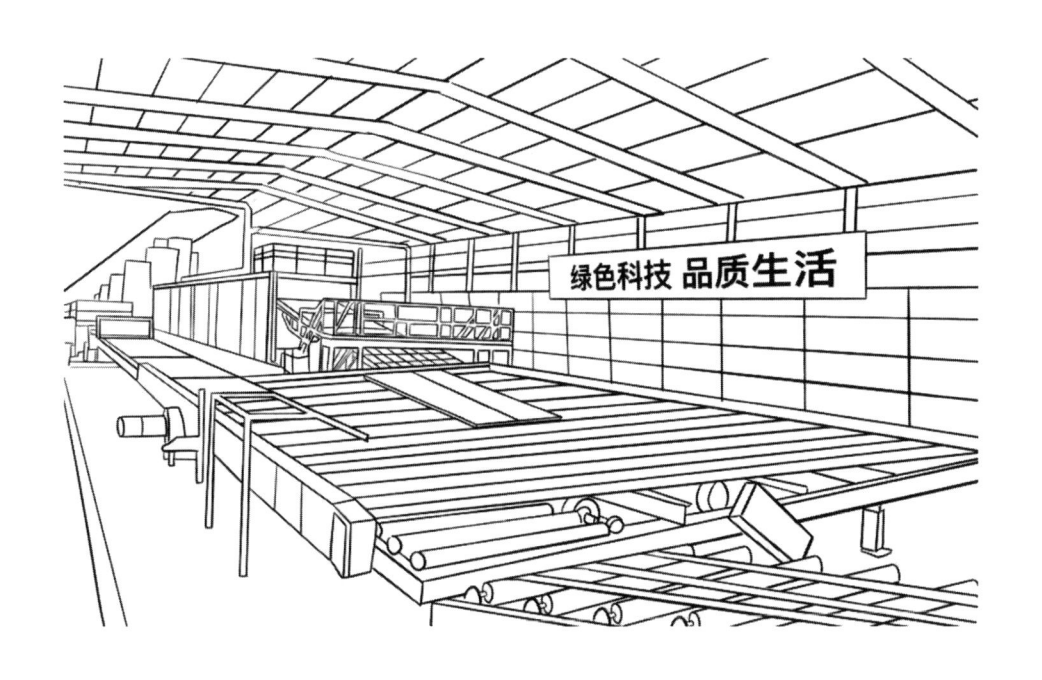

提起制造业工厂，在人们印象中，大多是千篇一律的厂房、单调枯燥的设备、轰隆作响的机器……而位于涿州高新区的北新建材涿州基地内，一棵棵树木郁郁葱葱，一片片花园生机盎然，没有尘土飞扬、没有超标排放的污染物，整个厂区一改建材行业重污染的刻板印象。

多年来，涿州基地践行"绿水青山就是金山银山"的发展理念，以"绿色科技 品质生活"为使命，推进建筑、城市、人居环境的绿色化，并以此为契机，踏上了一条通往国家级绿色工厂的发展之路，成为全面可循环接近零排放的高新技术企业。2019年，荣获工信部"国家级绿色工厂"称号。

绿色生产

北新建材涿州基地位于河北省涿州高新区，主要生产石膏板、轻钢龙骨、矿棉板、涂料、装饰板、"石膏板+"等产品。产品节能环保、施工精密快捷，在市场上广受认可。

二十多年前，北新建材把北京西三旗老厂搬迁到涿州成立涿州基地时，就坚持绿色发展，从厂房布局到生产线设计，从能源利用到废水废气处理，每一个细节都力求达到环保标准。

建厂初期，涿州基地分析、预测和评估了基地建设对环境的影响，提出预防或减轻不良环境影响的对策和措施以及跟踪监测的方法，顺利通过了环境影响评价。此外，还率先采用了清洁能源天然气作为热源，引进先进的生产设备和技术来减少能源消耗，确保气体排放达标。

涿州基地的石膏板生产线是一条名副其实的绿色生产线。原材料不是天然石膏，而是100%采用燃煤电厂产生的工业固体废物脱硫石膏。既保护了天然石膏资源，还极大地减少了脱硫废弃物治理带来的二次污染。生产过程中产生的边角废料也全部可回收可利用，其石膏部分可以重新作为原料、废纸部分可以作为加固纤维进行再次生产。

年产800万平方米的矿棉吸音板生产线以100%钢铁工业高炉矿渣为主要原材料，每年可消耗冶炼废渣约3.2万吨，并采用环保无污染的纯棉生产工艺。生产的龙牌矿棉板以自产无机优质粒状棉为主原料，粒状棉含量高达85%以上，不含珍珠岩、废报纸、石棉等有害物质，是我国唯一达到100% A级防火性能的矿棉板，遇到火灾时，板材自身不燃烧，可有效阻止火焰蔓延。在板材生产过程中的白水可循环使用，废板回收利用率可达100%，是真正意义上的绿色环保建材。

涿州基地的产品环保节能，隔音防火，干法施工，安装快捷，全面符合国家提出的复合墙体装配式建筑与装饰的住宅产业化政策。

绿色管理

在发展过程中，涿州基地积极推动管理体系的全面升级，建立了能源管理体系并通过了能源管理体系认证，保证了质量管理体系、环境管理体系、职业健康安全管理体系、测量管理体系有效运行，通过了中国环境标志产品认证、绿色产品认证。此外，涿州基地还不断加强对员工的培训和教育工作，提升员工的环保意识和专业素养。

在生产方面，积极推进精益生产模式。通过优化生产流程、减少库存积压、提高设备利用率等措施，进一步降低了生产成本和能耗水平。党员骨干经常深入生产一线开展调研活动，及时发现和解决生产中存在的问题和隐患，确保生产活动的安全顺利进行。

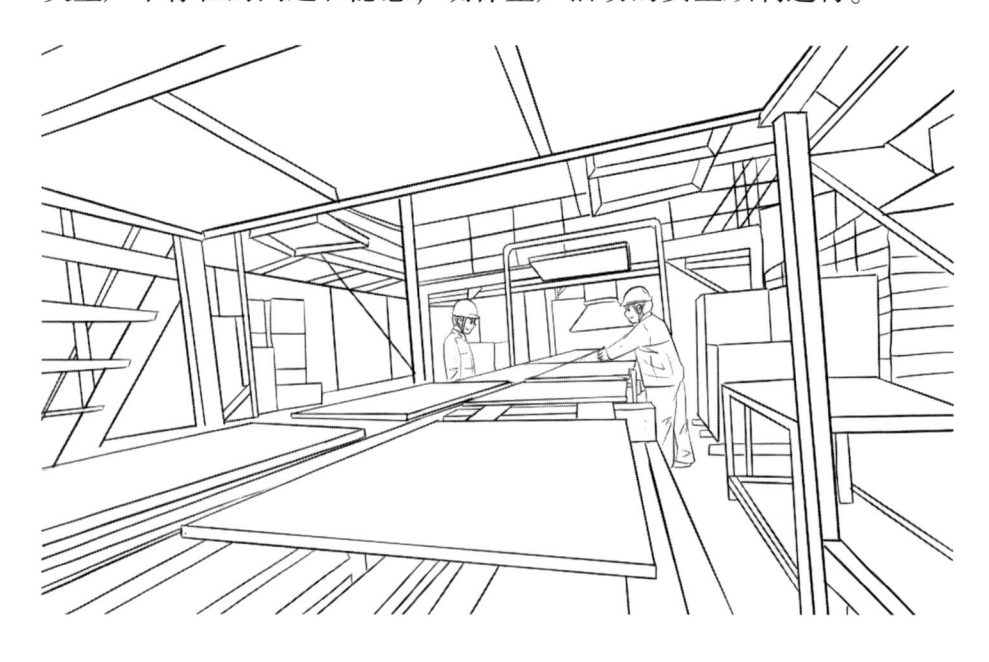

绿色科技

涿州基地依托北新建材国家级企业技术中心、国家级中心实验室、北新科学院等平台，拥有自主知识产权石膏板生产线成套技术，掌握生产轻质高强纸面石膏板、净醛纸面石膏板关键技术，设计开发了煅烧系统、成型系统和干燥系统等装备，达到先进水平。截至2024年底，获得授权专利92件，其中发明专利29件。

2024年，涿州基地矿棉板厂"激流勇进"QC小组荣获"中央企业QC小组成果发表赛二等奖"；2023年，"激流勇进"QC小组代表北新建材参加第48届国际质量管理小组会议（ICQCC），荣获"QC中文组银奖"。该小组曾5次荣获"全国优秀QC小组"称号，多次获评"全国建材行业优秀QC小组""北京市优秀QC小组""北新建材优秀QC小组"称号。通过QC活动，已将矿棉板产品密度有效降低了5.5%，减少了粒状棉等原材料的使用量；每年可节约天然气81.43万平方米、成本131万元，实现二氧化碳减排1780吨，产生了良好的社会效益、经济效益和生态效益。

近几年，涿州基地持续推动技术改造，成功降低了石膏板板材单重且各项指标符合国家质量标准，节约了天然气。矿棉板生产线通过不断试验和生产线试用，优选最佳的助留助滤剂，不断优化改进生产工艺，稳定助留助滤效果。

涿州基地积极探索建筑垃圾资源化利用技术，将废弃物转化为生产原料，实现循环经济。这些科技创新的举措，不仅提升了生产效率，更为涿州基地的绿色发展提供了坚实的技术支撑。

绿色成果

涿州基地以"绿色科技 品质生活"为使命，扎实推进生产经营、改革创新等各项工作。2019 年，在国家相关部门的严格评审下，涿州基地获得"国家级绿色工厂"荣誉称号。2020 年，获评河北省"绿色工厂"荣誉称号。获得"涿州市 2022 年度纳税先进单位"称号。连续多年被评为河北省优秀节能单位、涿州市优秀企业、涿州市安全生产工作"先进单位"。2022 年，涿州基地被河北省市场监督管理局评为河北省 5A 级标准化良好行为企业。

这些荣誉的取得，不仅是对涿州基地发展的肯定，更是对全体员工辛勤付出的最高赞誉，更为促进当地经济发展和环保事业作出了积极贡献。

绿色未来

站在新的起点，涿州基地将继续秉承绿色发展理念，不断探索创新之路。未来，涿州基地会进一步优化产品结构，加大绿色建材的研发力度。加强与国际先进企业的交流合作，引进更多环保技术和管理经验。同时，积极履行社会责任，推动行业绿色发展，为实现美丽中国贡献自己的力量。

从一片农田到国家级绿色工厂，涿州基地的发展之路是北新建材绿色发展的生动实践。我们从中看到了员工们的无私奉献与实干创新的精神,感受到了北新建材现场管理理念的精细高效与科技创新的强大力量。更重要的是,我们见证了绿色发展的无限可能。

第二章 众志成城

全员平安

危急关头，员工的生命安全永远是第一位的。北新建材以人为本，坚持"企业是人、企业靠人、企业为人、企业爱人"，做企业的根本目标也是为人民服务。在涿州洪灾中，涿州基地337名员工无一失联！无一伤亡！

2023年7月下旬，华北小城涿州像往年一样进入多雨期。位于涿州高新区的北新建材涿州基地早早便向员工发布了雨季安全作业提醒，做好了防汛预案。

7月29日一早，天色阴沉，大雨很快倾泻而下。很多人以为这次不过和往年一样——干燥的北方终于要迎来一场透雨。谁知台风"杜苏芮"千里奔袭依然气势凶猛，瓢泼大雨在京津冀地区上空竟下了三天三夜。

地势低洼，境内有北拒马河、白沟河、永定河、小清河、琉璃河、胡良河6条河流交汇的涿州逐渐被洪水围困，大部分地区停水停电。北新建材涿州基地距离北拒马河仅4公里左右。大雨导致水量激增，河水漫过河堤，涌向城区和街道，向基地逼近。

不寻常的雨

8月1日，北新建材涿州基地内，看着窗外下了近三天的瓢泼大雨，所有人都意识到这场雨的不寻常。

来自四面八方的不知真假的消息让员工们议论纷纷，恐慌的气氛也开始在基地蔓延，大家不时往外张望。而基地内相当一部分员工是涿州本地人或已经在涿州安家，家里的安危更加剧了大家的焦虑。

下午1点，基地接到涿州市通知，附近河堤已被洪水冲垮，洪水很快将漫延至基地附近。面对这种情况，涿州基地的领导干部一方面派员工前往基地周边探查水情，另一方面立即召开紧急会议，升级防汛预案，安排防洪工作，所有人迅速行动起来。

"封堵门窗，货物往高处码放！"命令一下达，员工们立即行动起来。各部门、各车间优先把高货值的货物和物资转移到高处，尽可能减少地面货物堆积。各出入口，用沙包和脱硫石膏再次加固加高封堵。食堂内，厨师们迅速开火，加快制作食物，现有的食材也被迅速转移到安全区域。

到了下午，雨停了。但是涿州市内涝风险还在加剧，主城区的道路水位不断攀升，从淹没脚踝到膝盖，再到大腿，道路逐渐变成河流。前去查看水情的同事带回消息，基地东侧的腾飞大街水位正在快速上涨。气氛顿时紧张起来，大家各司其职，严阵以待。

员工安全第一

北新建材总部和龙牌公司、北新涂料分别打来了电话，询问情况，安排部署，强调"生命第一，员工安全放首位"，一定要确保全员平安！

下午5点，洪水从地势较低的北门开始漫延进基地。员工们开着铲车把大量脱硫石膏堆在门口进行紧急封堵。但水位上涨的速度远超预期，短短十几分钟，便漫过基地东侧围墙，涌入地势较低的石膏板车间、脱硫石膏库等。

基地管理层立刻发出指令：迅速撤离！各部门各车间紧急通知

人员有序撤离！基地内一些地方已无法通行，铲车司机们便开来铲车将大家一趟趟全部运送到地势较高的安全区域。同时为了保护大家安全，最大限度降低洪水对电气设备的损害，迅速与涿州市电力局对接，果断切断了基地的动力电源，并紧急商讨制订撤离基地的预案。

等全体员工被转移到宿舍楼、办公楼等安全区域，安排好食宿后，天色已经完全暗了下来。整个基地停水、停电、停气，笼罩在一片黑暗中。

涿州基地的党员干部们全部站了出来，坚守一线，当晚对基地各个车间再次检查，确保无人后，封闭了生产区域。他们24小时值守，一方面继续监控水势，另一方面对接交警了解涿州交通情况，为天亮后安排员工分批疏散撤离做准备。

黑夜里的暖流

当夜，洪水还在源源不断涌入这座城市，涿州基地的水位还在上涨。被困在基地的员工们只能通过电话与家里保持联系。电话铃声时不时地响起，"家里进水了""村里安排开始往外转移了"……

涿州的灾情迅速引起全社会的关注和报道。夜虽深，但求救、提供线索和获救的各种消息在网络涌动，感动人心的暖流也在这座城市流淌。

大家透过宿舍楼的窗户向外望去，黑暗中不时有点点烛光和手机的微光闪过，那是基地的守护者们还在彻夜值守和忙碌。时不时还有救生艇的马达声和人的说话声传来，那是黑夜中最令人安心的声音。

对于很多人来说，这注定是一个不眠夜。

全员平安无伤亡

8月2日，涿州基地水位最深处已近3米。在确保安全的前提下，在充分征求员工的意愿后，早上6点，涿州基地开始进行人员的紧急撤离。11名党员干部主动请缨留守基地，他们当即成立了抗洪救灾小组，组织协助员工撤离。

256名具备安全条件的当地员工自驾返家，23名京籍员工在公司安排下乘坐班车绕行大广高速安全返京，19人被安排专车疏散至天津北新。危急时刻，同在涿州的中联装备集团北新机械有限公司伸出援手，为涿州基地转移出来的28名员工及家属提供宿舍、生活用品，并贴心安排专人提供一日三餐及矿泉水等生活物资。

"平安到家""顺利到达机械厂宿舍了""吃上热乎饭了"……当各个工作群里，报平安的消息一个接一个传来，留守的党员干部的心才一一落了地。

在此次洪灾中，涿州基地337名员工无一失联！无一伤亡！全员平安！共有209名员工家中受灾，其中37名员工家中受灾严重，导致员工及家属无家可归。公司紧急为受灾员工及家属安排了宿

舍，解决吃住困难，保障了大家的安全。

"你们一定注意安全""注意水位，保护好自己""向你们致敬"……报平安的消息后边，微信群里又被一条条温暖的消息刷屏。

但留守基地的党员干部们还顾不上多看。他们身后，是他们多年来拼搏奋斗的"家"，是 300 多名员工的依靠和保障，还在等待他们守护和救援。

要保住员工的饭碗

涿州基地有 300 多名员工，每名员工背后都是一个家庭，一份担当和责任。洪灾过后，保住员工的饭碗，是涿州基地实现快速自救、复工复产的最大动力，也是员工的最大期盼。

2023年7月29日8时至8月1日11时,涿州市全市平均降水量为355.1毫米,最大降水量为两河村435.7毫米,多个乡镇、街道降水量均超300毫米。

涿州市腾飞大街,原本双向6车道的城市主干道已经不见踪影,救灾的冲锋舟驶过,往日里高不可及的红绿灯、指示牌伸手就能摸到……这一幕在网络上被广泛关注和转发,也让全国人民直观地感受到涿州灾情的严重性。

在腾飞大街的两侧是涿州市的创新高地——涿州高新区。连续三天的大雨后,这里已是一片泽国。

北新建材涿州基地位于腾飞大街的南端。基地有300多名员工,每名员工背后都是一个家庭,一份担当和责任。这次洪灾给基地造成了惨重的损失,大家最担心的就是这个"家"的平安!

面对百年不遇的洪灾,如何保住员工的饭碗,实现快速自救,是摆在涿州基地面前的一道难题。

泡在水里的"家"

在送走最后一批转移的员工后,留守的11位党员干部紧锣密鼓地开始查看基地的受灾情况。

整个基地停水停电停气,已经瘫痪,因地势西高东低,位于中东部的生产区域受灾最重,积水最深达3米多。大部分道路都被淹没,只留下一排排树冠指示着方向。一间间高大的车间如失去动力的巨轮般搁浅在水里。供电室设施、电机等设备全部被淹没，原材料也被洪水冲散。东侧围墙被洪水冲塌，一部分产品随水流漂出。工程车辆全部泡水……

面对这些场景，每个人都脸色沉重。如何自救？大家一时间手足无措。用他们的话说，"当时真有点蒙了，大家都被震惊、心痛得说不出话来"。

一颗定心丸

8月2日临近中午，在基地进水不到20个小时后，让大家没想到的是，北新建材在京的领导班子成员一路上克服重重困难，冒着被困在涿州的风险，赶到了涿州基地，还带来了一批急需的物资。

过去的一天，经历了风雨交加、洪水围困、紧急转移等太多惊心动魄的时刻，面对巨大的灾情，大家正在强打精神之时，领导们的到来无疑给大家吃了一颗定心丸，每个人都非常激动。

领导们亲切询问每位留守党员的家庭受灾情况，提醒大家要及时向家里报平安，也要与疏散到各处的员工持续保持联络，确保每位员工和家人都能安全避汛。

当时，基地内的水位还很高，特别是生产区域。领导们一一查看了基地的受灾情况。还前往中联装备集团北新机械有限公司，看望慰问了在那避险的员工及家属。

"我们就是来给大家解决困难的，有什么困难都可以提出来。

慰问在中联装备集团北新机械有限公司避险员工及家属

公司都会尽全力帮大家解决。请大家放宽心，北新建材这个大家庭永远是大家坚强的后盾！"领导的话铿锵有力，温暖人心。

随后，领导们在涿州基地与现场留守的党员干部们一起召开了灾后的第一次现场会议。

会上，领导们对涿州基地干部员工英勇抗洪、确保全员平安的工作表示了充分的赞扬和肯定。同时提出，涿州基地是大家的家，仅仅保障员工安全和基本生活还不够，大家要积极行动起来，抢救受损物资、设备！会上制订了涿州基地减灾方案。

这次开在抗洪一线的会议，让在场的员工们深受鼓舞。会议精神也很快传达给涿州基地每一位员工，大家都反响热烈。

当天，北新建材总部、龙牌公司以及天津北新火速驰援，送来了瓶装水、面包、饼干、自热火锅、手电、充电宝、救生衣、雨靴等生活及抢险物资，让留守的员工们深受鼓舞。

争分夺秒抢时间

8月2日下午，基地留守党员干部作为先遣队开始清理办公楼前、厂区道路上的淤泥。当时，基地内泥厚水滑，大家深一脚浅一脚地拿着工具清理，一下午便清理完毕，为后续各项工作开展打通了道路。

8月3日，龙骨、涂料及矿棉板车间西侧水位下降。在查看现场具体情况后，涿州基地确定了清理及抢救物资方案。被分散到各处的员工也不断询问何时能够返厂，有些老员工心急如焚，当天就赶回了厂里。

8月4日，涿州基地在刚刚退去洪水的办公楼前召开了动员大会。原本预计60名员工到岗，实际到岗85人。因为涿州部分路面还有积水，开不了车，很多员工穿着雨靴骑车，甚至走路赶回基地。每个人都一身汗、一身泥点子。

面对如此严重的水灾，大家都明白，此刻时间就是金钱，早一分钟的抢救就能多挽回一点损失。所有人都顶着灾后潮湿闷热的天气、闻着积水散发出的异味、踩在泥泞的淤泥中、承受着蚊虫的叮咬，挥汗如雨，投入到清理现场和物资抢救工作中。

但是，因为石膏板、矿棉板、轻钢龙骨、涂料等生产车间全部进水，清理淤泥、抢救物资、检修设备……时间紧、任务量巨大、损失时刻在加大、人员又严重不足，一道道难题像一座座山压在所有人的心上，何时能够完成救灾，何时能复产，大家都心里没有底。

凝心聚力　八方驰援

北新建材高度重视涿州基地的灾情。领导班子成员多次来到涿州基地，在一线指挥和参与救灾工作。

北新建材工会第一时间送来了灾后急需的物资。面对干部员工的悲痛情绪，北新建材领导在救灾现场鼓励大家："要坚定信心、鼓足干劲，全力投入救灾工作。涿州基地是大家的家，请大家放心，有公司做后盾，这个家不会垮。灾后重建工作量巨大，我们马上组织志愿者驰援。希望大家化悲痛为力量，迎难而上，全力以赴，做好复工复产工作，努力把损失降到最低，早日恢复正常生产和生活秩序。"

北新建材的自媒体平台灾后持续报道涿州基地一线的情况，坚持第一时间官方发声，向员工和社会各界及时、精准传达涿州基地的情况，号召全体北新人迅速行动起来、目标一致投入救灾和复产工作。针对市场上关于涿州基地洪灾后发不出货的传言，持续进行救援、发货的宣传。

目标的确定，犹如吹响了战斗的号角。整个北新建材上下凝聚共识，团结一心投入到灾后工作中。

与此同时，各方的支援也源源不断涌入涿州基地。

北新建材党委和工会号召在京员工驰援涿州基地，先后组织600余人次前往涿州支援。天津北新、朔州北新、平邑北新、北新建材滨州分公司、北新建材枣庄分公司等火速驰援人员、设备和物资。京津冀地区的销售人员采购发电机、桶装水、压水器、食品以及药品等物资，联系清洁、冲洗用的设备，与电力部门接洽协调尽快恢复临时用电，保障到厂员工工作、生活需要……

50余家经销商、供应商、承运商在得知涿州基地受灾后，积极献爱心、送温暖，迅速送来数千箱食品和饮品，以及1200升消毒液、500副手套、700条毛巾等物资，及时缓解了基地灾后物资短缺问题。

涿州基地遭遇洪灾后，涿州市领导、涿州高新区管委会领导在灾后第一时间到基地现场查看受灾情况，协调自来水、电力、燃气等部门帮助恢复临时供水、生活用电、正常供气。河北省领导、保定市领导多次到涿州基地查看受灾情况，帮助协调解决问题。了解到涿州基地抢救物资急需叉车后，保定市立即协调12台叉车连夜送往涿州基地，为涿州基地抢救物资提供了基础的车辆保障。保定市高新区还支援铲车、清扫车帮助清理道路、淤泥等。

中国建材集团六期EMT班、中联装备集团北新机械有限公司、北京市建筑装饰协会等火速进行了援助、奉献爱心。

一方有难，八方支援；众志成城，人定胜天。在涿州基地全体员工的共同努力下，在各方的爱心驰援下，涿州基地救灾工作快速推进，一天一个样。员工们的情绪也一天天高涨，更坚定了战胜洪灾，尽快复工复产的信心。

党旗飘扬在一线

涿州洪灾中，在北新建材党委的指挥部署下，各级党组织迅速行动，共产党员们毫不犹豫地站出来，冲锋在前。党员突击队按照不同分工将救灾的员工们集合在一面面旗帜下，加速推进抢险救灾和复工复产的速度，用实际行动让党旗高高飘扬在抗洪救灾的各条战线上。

2023年8月3日，灾后第三天，涿州基地内的洪水渐渐消退，留下一片狼藉，触目惊心：基地内到处是厚厚的淤泥，宛如泥石流过境；潮湿的车间内，设备全部被水泡过，状况不明；产品和原材料等下面部分全部泡水，上面部分也岌岌可危，随时可能倾塌，急需抢救出来。时间紧、任务重、人手不足、环境恶劣，这些难题一一横亘在涿州基地干部员工面前。

灾情就是命令、就是动员。北新建材党委高度重视涿州基地灾情，迅速部署，各基层党支部迅速行动，共产党员们毫不犹豫地站出来，冲锋在前。成立党员突击队，按照不同分工将救灾的员工们集合在一面面旗帜下，加速推进抢险救灾和复工复产的速度，用实际行动让党旗高高飘扬在抗洪救灾的各条战线上。

筑牢"红色堤坝"

灾情发生后，北新建材坚决贯彻落实习近平总书记对防汛救灾工作作出的重要指示精神，落实好党中央及国资委、中国建材集团党委的决策部署，充分发挥党委领导作用、党支部战斗堡垒和党员先锋模范作用，迅速集结各方力量进行抢险救灾，全面落实各项抗洪救灾措施，为复工复产筑起一座座"红色堤坝"。

北新建材党委第一时间召开专题党委会，研究制订抢险减灾工作方案。公司党委委员们多次深入救灾一线实地勘察，制订救灾和复工复产工作方案。

北新建材党委宣传部与涿州基地的党支部及时发布雨情、汛情和灾情信息，帮助、引导干部群众及时了解情况，消除恐慌心理，主动做好各项应对工作；以视频、文字、图片等多种方式全方位、多视角、立体化展现抢险救灾情况，充分报道防汛抗灾行动和突出典型，制作"我行，我先上！""涿州加油，北新加油！"等标语、贴纸鼓舞士气，凝聚抗洪救灾正面精神力量。

　　在公司党委的指导下，涿州基地迅速成立了物资保障突击队、现场清理突击队、电气抢修突击队、设备抢修突击队、信息联络突击队、资产统计突击队、宣传突击队、后勤保障突击队、园区安保突击队、灾后重建业务突击队共10支抗洪救灾党员突击队。他们作为骨干冲锋在前，用实际行动让党旗高高飘扬在抗洪救灾的各条战线上。自8月7日起，龙牌公司各兄弟基地纷纷从外地前来驰援，进一步壮大了突击队的力量。

晨会与夕会

　　10支突击队成立后第一时间深入实地勘察，及时摸排受灾程度，严密细致做好科学规划，制订抢险减灾工作方案和复工复产进度表；统一调度，动态跟踪，多环节全链条破解难题。

　　每天清晨，突击队在基地办公楼前集结，召开晨会，安排一天的工作任务，制订目标，并根据当天工作内容来协调分配人员及有限的资源。

日头西沉，夜幕低垂，结束了一天的救灾工作，队员们带着满身的疲惫与汗渍泥污再次聚首，汇报每支队伍的工作进度、总结并分享当天抢险工作的经验和教训、遇到的难题和需要协同配合的工作内容。

前期，基地依靠发电车临时供电。大家把有限的电量优先供给宿舍，让辛苦一天的员工们能够好好睡个安稳觉。开夕会时，大家就打开几个手机上的电筒，在微弱的光线下进行。

虽然疲惫，但每天的夕会是大家最期待的。因为这意味着他们又抢救出了一些物资，挽回了一些损失，向着复工复产的目标又迈进了一步。

在那些不分昼夜的日子里，他们坚持24小时值守和巡查，日汇报、日总结，随时掌握、及时上报抢险救灾发展态势，召开例会40余次，像是夕会这样的"微光小会"更是成了各个突击队的日常。

不放弃不气馁

洪灾中，涿州基地配电室的供电设施所有开关柜共20组全部泡在1.8米深的水里，严重受损。

电力的恢复对于抢险救灾、恢复生产至关重要，正值盛夏，全体员工冒着酷暑在救灾。涿州基地请来2支电力系统抢修队，看到仍然泡在水里的开关柜，他们的回复都是"无法修复，只能更换新柜"。

但是，电气抢修突击队的成员们不放弃不气馁。他们在齐胸深的水中踏着水底的污泥，深一脚浅一脚地来回检查。积极与涿州市电力局等相关部门联系，紧密沟通，通力合作。

在那些日子里，他们一身泥浆一身汗水地守在配电室，排水、清理地面、清洗设备。为了早一点通电，连续奋战多日，有的队员每天只睡有限的两三个小时。

终于，在8月10日的晚7点，办公楼的灯亮了，大家都激动地鼓掌，似乎连日来的疲惫与辛苦在这一刻全部消散。

短暂的休息之后，电气抢修突击队又投入到新的战斗中。8月11日，轻钢龙骨车间、涂料车间恢复电力。8月12日，矿棉板车间也亮了起来。一切都慢慢地在复原，在变好。

与时间赛跑

现场清理突击队和物资保障突击队在救灾过程中承担着"重"中之"重"的工作。他们每天要清理大量的污泥和垃圾，抢救成吨的物资。为了及时抢救出成品，大家涉水爬高。为了提高搬运效率、在搬运过程中尽可能减少对产品的损坏，大家集思广益制作出"滑竿""平台"等简易工具，极大提高了工作效率。

"我们每天都在和时间赛跑，作为一名党员，哪里有需要，我们就要冲到哪里去！"一位突击队队员说。

设备抢修突击队、信息联络突击队、资产统计突击队、宣传突

击队、后勤保障突击队、园区安保突击队、灾后重建业务突击队……每位突击队队员都奋战在自己的岗位上，加班加点地工作，冲在最前面。

有的队员连续三天三夜不曾合眼，病倒在一线后仅在医院治疗半天又毅然决然地返回岗位；有的带领队伍坚守一线清淤破障，家里受灾却来不及回去看一眼；有的队员把周岁的孩子托付给家属，坚持与大家并肩作战；有的员工感冒发热，有人因为潮湿浑身长了湿疹……大家抢着干、比着干，轻伤不下火线。人人一身汗，个个一身泥，但没人喊累，也没人说苦，短短几天内就抢救出近2000平方米的物资。

这就是共产党员，危急时刻，毫不犹豫地站出来！他们以实际行动把党员身份亮在北新建材涿州基地抗洪救灾的各个阵地中，让党旗在一线高高飘扬。

北新就是最大的底气

一方有难，八方支援。洪灾无情，但北新建材自成立起就有众志成城、团结一心的"人和"文化。北新人用自己的行动告诉涿州基地，你们不孤单。危难时刻，北新建材就是最大的底气，所有北新人就是最牢固的依靠。

涿州水灾牵动着每一位北新人的心。灾情发生后，北新建材工会第一时间响应。缺物资，立刻组织采购应急物资和药品送往涿州基地。缺人手，当即一呼百应，600余人次志愿者从北京驰援涿州。缺资金，及时组织公司总部各部门、各板块公司捐款19.01万元。

所有北新人迅速行动，爱心驰援，用实际行动凝聚起强大力量，展现了上下一心、同舟共济的坚强意志和万众一心的北新力量。

火速驰援物资

灾后，涿州基地急缺药品、食品、救灾工具等物资。

"藿香正气水、维生素片、氯雷他定、氯霉素、阿司匹林、医用酒精……我们需要大量采购！""请务必在今晚备齐！"2023年8月4日晚上，北新建材工会办公室紧张忙碌，全体人员迅速行动起来，为涿州基地紧急筹集物资。

在接到通知时，药店、超市、批发市场都已临近打烊。工会工作人员分头行动，一组人员负责药品采购，紧急联系药店，发动亲朋好友帮助购买。另一组人员火速驾车前往批发市场采购，终于在凌晨00:30把物资装载完毕。

8月5日一大早，北新建材领导与工作人员自驾车带着物资驶向涿州基地。当时灾后不久，经过京港澳高速良乡至河北路段时，灾后道路两侧的景象触目惊心，被洪水摧毁的农田、坍塌的房屋、断裂的道路、东倒西歪的车辆，还有树梢上清晰可见的洪水留下的黄绿相间的痕迹都让大家心情愈加沉重起来。在距离涿州仅有15公里的路程时，因前方桥梁受损，车辆只能驶离高速，在乡村小道中绕行。

经过一番周折，他们终于抵达涿州。一幅感人的画面映入眼帘：道路两旁自发聚集的群众敲锣打鼓，热情欢迎来自四面八方参与救灾的车辆。所有人的眼眶都湿润了，一路的颠簸与疲惫在这一刻仿佛都散去了。大家带着满满的感动和力量，直奔涿州基地。

灾后的涿州基地，洪水虽已退去，但留下的是亟待抢救和修复的"家园"。交接完物资后，北新建材领导一行与在涿州救灾的龙牌公司管理层一起穿着雨靴，踏着积水，查看受灾情况。一个个巨大的车间内，光线幽暗、地面湿滑，空气中都是酸腐的味道，生产线设备沉默无声，大量原本整齐堆放的原材料和成品已经歪斜倾塌。涿州基地的员工们一个个满身污泥，正在加紧抢救物资、清理淤泥。

考察完毕，所有人的心情都非常沉重。北新建材工会当即表示，请大家放心，工会会立即组织志愿者前来驰援涿州，同时组织救灾和开展发货宣传提振信心。大家要化悲痛为力量，投入到救灾工作中，努力降低损失，推进复工复产。

家里有事　谁能不着急

洪灾阻挡不了北新人的脚步。在得知涿州基地急需人手抢救物资、清理现场后，北新建材党委和工会面向在京所有单位发出志愿者征集。短短的2个小时就有140人报名。不到一天时间，志愿者队伍就已经安排就位。

当统计人员感叹大家的报名速度时，一位报名的老员工说："北新是我们共同的家。家里有事，谁能不着急？"

自8月6日起，每天一大早，大巴车就满载着志愿者从北京驶向涿州。这些志愿者大多来自职能、销售等部门，其中很多人都是党员。

洪灾过后的涿州，阳光炙烤着大地。大家到时，基地内的积水已经退去，办公楼前堆放着的数艘橘红色的救生船格外醒目。通道也已经清理出来，只是很多路面上还覆盖着一层干硬的黄泥。泡过水的材料在通道两边歪歪斜斜地堆着，沾满污渍的包装桶成垛地放在一边，几辆叉车在车间进进出出忙碌搬运。

看着被洪水冲刷后的涿州基地，听着同事们的介绍，大家心情都很沉重，迫不及待地想出一份力。

北新建材是全球最大的轻钢龙骨集团，涂料也是三大核心产品之一。在此次洪灾中，涿州基地的龙骨车间和涂料车间都有1米多深的积水，一些龙骨成品被浸泡、一些涂料的包装桶被淹。在高温、潮湿的环境下，产品急需进行保护处理，否则损失将进一步扩大。

了解情况后，大家按照分工，以小组为单位开始了抢救工作。一部分同事前往龙骨车间抢救龙骨，一部分前往涂料车间清洗涂料包装桶。

救灾车间里的比拼超

室外艳阳高照，但大家一进入龙骨车间，光线瞬间变得昏暗，地面湿滑，还存有少量水渍和淤泥，一不小心就会滑一跤。墙面上留下的水渍依然触目惊心，一股发霉带着腥味的味道扑面而来。

由于电力系统受损，通风设施不能启动，车间内非常潮湿，只有有限的几盏灯维持照明。进去没一会儿，大家就一身汗。

"我们的任务是抢救物资，并对外观有瑕疵的产品重新挑拣打包。"龙牌公司和涿州基地的同事们给大家讲解示范。轻钢龙骨是一种轻型钢材制品，标准长度为3米。金属的材质使其边角较锋利。外包装受损的龙骨需要进行拆包、码齐、贴签、包装等，最终达到发货标准。

了解任务后，大家立刻换上雨靴、戴上手套，投入到抢救工作中。大部分人之前没有接触过相关工作，一开始还有些手忙脚乱，但后边逐渐总结经验，越来越熟练。

为了提高工作效率，各小组总结出各种经验：有的组以"一捆"为单位，每组组员干同一道工序；有的组则每两人十一道工序。为了提升工作积极性，各组之间还开展了竞赛，看哪个组既快又好还效率高……每天，都有冠军小组诞生，骄傲地结束一天的工作。

涂料车间外，每天都有大批被洪水浸泡的包装桶被搬运出来。大家几个人一组，有的负责用清水冲洗，有的用干净的毛巾擦干，每天设定目标，保质保量完成任务。

在这样的火热氛围中，大家只用了短短一周，便圆满完成了龙骨和涂料包装桶的抢救任务。

感动无处不在

在这次爱的驰援过程中，不论是公司领导班子、各级管理层，还是各部门、各板块的员工，大家都团结一心，挥汗如雨，在一线抢救产品。

北新建材总部的马胜男，老家在涿州，得知要支援涿州基地时，她非常激动，连续5天报名参加。为了节省往返时间，她就住在涿州家里。每天一大早，她父亲就涉水开车把她送到基地，结束工作后，再把她接回去。北新防水河北和天津区域的13名销售人员，也自驾前往涿州基地，参与救灾。因为前期涿州基地没有恢复供电，车间里潮湿闷热、地面湿滑，大家在里面连续工作一天，结束时每个人都像是从水里出来的一样，浑身被汗水浸透。其中，有的员工中暑，有的被龙骨划伤，还有的滑倒崴了脚……但是他们没有抱怨，只是稍作处理，就继续投入工作。

在龙骨车间，两位故城北新的小伙子骆东阳和赵金尚连续几天和大家一起抢救龙骨。当时涿州基地清理淤泥急缺水泵，故城基地得知后便紧急购买水泵后让他们送过来。看到涿州基地灾后急缺人手，他们便主动留下救灾。两人不想给涿州基地添麻烦，晚上就住在车里，被涿州基地同事知道后才搬去宿舍，衣服也多日没有换洗。当被问到此事，他们一边干活，一边难为情地说："几天没换洗衣服，别嫌弃我们哈。"

涿州基地的员工也用行动时刻温暖、鼓舞着大家。尽管很多人家中受灾，但他们自灾情发生后一直奋斗在一线。在志愿者支援期间，他们虽然满身疲惫、嗓音嘶哑，但仍时刻关注大家的需求，送水送药，安排吃饭，有条不紊，无微不至。

一周的时间里，大家一起早出晚归，不分部门、不分单位，一起干活，一起流汗，互相鼓励，向着共同的目标一步步靠近。虽然大家身体十分疲惫，但是心里非常充实，仿佛憋着一股劲，要齐心协力多挽回损失，帮助涿州基地尽快走出洪灾的阴霾。

北新就是最大的底气

洪灾发生后，北新建材面向全体员工发出《抗洪救灾捐款倡议书》，各级党组织和工会迅速行动起来组织捐款。短短几天时间，

公司总部各部门、各板块公司的 1400 名员工向涿州基地捐款共计 190107.48 元。

8月24日，北新建材工会在涿州基地开展了"坚守人和初心 传递北新能量"捐赠仪式暨涿州基地受灾员工慰问活动。现场北新建材工会代表向涿州基地转交捐款，捐赠给在这次洪灾中受灾的员工。北新建材总部工会、北新防水工会、北新住宅工会、创新研究院工会、北新涂料共捐款 70630 元，龙牌公司工会共捐款 119477.48 元，合计捐款 190107.48 元。

此外，在这次洪灾中，涿州基地共有 209 名员工家中受灾，其中 37 名员工家中受灾严重。受赠员工代表非常感动，在发言中说："灾难无情，北新有爱。在灾难面前，我们真切感受到什么是北新人，什么是北新的'人和'文化。我们不是孤军奋战，公司总部、各兄弟基地、经销商给我们送来物资、设备，大批志愿者源源不断来支援我们，工会组织捐款，帮助我们重建家园，这让我们倍感温暖。北新就是我们最有力的臂膀、最大的底气。涿州行，我们一定行！"

在捐赠仪式现场，大家共同回顾这段难忘的经历，想到面对困难的义无反顾，想到相互鼓励的众志成城，想到抗洪救灾的胜利时，很多人都流下了激动的泪水。

洪灾无情，但北新人用自己的行动告诉涿州基地，你们不孤单。危难时刻，北新建材就是你们最大的底气，所有北新人就是你们最坚实的依靠。

15 天驻守打硬仗

在这场爱心驰援中,兄弟基地的 9 支突击队在涿州基地驻扎了 15 天。他们一呼百应,敢打硬仗,能挑重担,勇于担当,有力支援了抗洪复产工作,也极大振奋了涿州基地全体干部员工的信心。再次证明了只要团结在一起,就没有什么是不可战胜的。

涿州基地灾情发生后，兄弟基地纷纷打来电话慰问、送物资、支援设备。当他们得知涿州基地面临着巨大的清淤和抢救物资压力时，也是焦急万分，纷纷请缨支援。

在龙牌公司的统一安排下，自 2023 年 8 月 7 日始，朔州突击队、平邑突击队、天津突击队、故城突击队、滨州突击队、淮南突击队、武汉突击队、铁岭突击队、嘉兴突击队 9 支外埠基地突击队共 120 余人从全国各地出发，陆续抵达涿州。

涿州基地不孤独

虽然已有心理准备，但亲眼看到涿州基地的受灾情况，队员们仍然深受震撼！车间内，倾塌后的成品形成一座座小山、很多设备损坏无法运转、大量涂料包装桶被洪水污染、道路两侧堆满了被抢救出的原材料……

龙牌公司铁岭分公司生产值长丁宁是从涿州基地走出去的干部。这次得知涿州基地受灾后，他十分焦急，强烈要求来支援。看着曾经熟悉的车间和园区如今一片狼藉，他痛心万分。"一句话，争分夺秒干，尽可能多挽回损失，早日复产！"话虽不多，但字字铿锵有力。

在涿州基地的统一安排分工下，大家立刻投入到了紧张的救灾工作中。有的负责抢救产品，有的负责维修设备，有的负责开叉车搬运物资，有的负责清理通道和垃圾。

因为叉车不足，支援的员工在烈日下、在泥泞的道路中一趟接一趟叉运货物，并分类放置。第一天，就有员工因为高强度的劳动负荷中暑呕吐。服用了药品后，他又回到了工作岗位，继续开着叉车分拣货物。

有的突击队刚放好行李就连夜清理龙骨车间，有清积水的，有清泥浆的，有擦洗设备的，还有抢救产品的。大家不顾旅途劳累，相互鼓舞，挽回了损失，也有力保障了龙骨车间复产。

初期，涿州基地还没有恢复供水供电供气，无论室内室外，大家都是冒着酷暑高温在工作。食堂无法正常供应餐食，仅能供应盒饭。宿舍因为发电量有限也无法使用空调。但这些困难丝毫没有影响这些外埠员工们的工作热情。

外埠突击队的到来也极大振奋了涿州基地全体干部员工的信心，不仅缓解了他们连日来高强度高负荷的救灾压力，也让大家意

识到，涿州基地并不孤独，身为北新人更不会孤独！我们拥有一个强大的家，家里有着众多团结友爱的兄弟姐妹。

并肩打硬仗

抢救未受损的成品是当务之急，尤其在高温、潮湿的环境下，完好的产品也很快会变质。

在这次洪灾中，损失最严重的便是矿棉板车间。打开大门的瞬间，很多人都不由得深吸一口气。十米多高的厂房内，满眼都是倾倒的成品，层层叠叠，起起伏伏，形成一座座数米高的小山，已经看不见以前的通道，只有"质量和信誉，我们永远的追求"的牌子高高地醒目地悬挂在屋顶。现场一些涿州基地的员工瞬间红了眼眶。大家走进去，情绪翻涌，一时都沉默无声。

"兄弟们，要辛苦大家啦！"涿州基地矿棉板厂负责人嘶哑的声音响起。没有时间耽搁，大家迅速行动起来，一起将堵在门口和通道的矿棉板搬运出去，打开了三处大门，梳理出三个作业区域，为接下来的抢通工作打下基础。

这里工作量大、任务重，既要抢救完好的成品，还要清理大量泡水的废品，为后续复产做准备。渐渐地，涿州基地和外埠突击队的主力都集中在这里。以基地划分战斗小组，分组授旗，每个基地都领了一个"山头"，上面都醒目地插着突击队的旗帜。各战斗小组每天汇报战斗成果，唯恐落后拖后腿，争相抢干、多干，每天都

要比一比谁的"山头"变小了。

车间里，闷热潮湿，低洼处的积水已经变黑发霉，空气中弥漫着一股变质的味道。矿棉板一包近百斤，被洪水泡过后变得更重，需要几个人合力才能抬起。没受损的成品一般都在"山头"，大家只能在倾斜的板材缝隙中固定住脚，接力从上到下传递下来。

随着劳动量的增大和现场环境的不适，不少人出现发热、腹泻等症状，但无一人请假。这些队员来自不同的地区，不同的部门，不同的岗位，但在这一刻，大家心往一处想，劲往一处使。没有推诿，没有抱怨，只有齐心协力的呐喊和埋头苦干的身影。这种团结一心、拼尽全力打硬仗的氛围深深地感染着所有人。

前来送水的女员工们，看着一天天变小的"山头"，看着这些不言苦不叫累的"钢铁硬汉"们，都心疼和感动得哭了。

苦中作乐"白洋淀游"

面对艰苦的条件，大家不仅没有怨言，反倒是以乐观的心态去面对。

在离作业区域不远的院墙外便是此次涿州洪灾中受灾最严重的腾飞大街，也是央视等媒体多次报道的抢险任务的重点区域。大家在作业时常常能听到救援艇、扩音器的声音此起彼伏。

在工作的间隙，有人开玩笑说："大家看现在咱们这个情况，要是把眼睛闭上，耳朵听着附近的快艇马达声，鼻子闻着水的腥味，咱这是到白洋淀了啊！"大家听了都开怀大笑。

每天，大家一起搬运、清理，一小会儿衣服就被浸透，也分不清是汗水还是泥浆。实在太累时，就互相鼓励："我们多抢救一包，就能减少一包的损失！相当于给龙牌多挣了一包的钱。"

有天下班前，有位小伙子说："嘿！看咱们的山头，今天又挣了不少！"小伙子乐观的心态引得大家哈哈大笑。

在工作之余，大家围在一起，一些老员工常常给大家讲北新的老故事，讲老一辈北新人如何攻克各种困难，把北新从西三旗的工厂发展到现在全球最大的石膏板龙骨集团。

没有什么不可战胜

在支援涿州基地的 15 天里，外埠基地的员工们与涿州基地员工们一起，用钢铁般的意志攻克了最难攻克的山头，啃下了最硬的骨头。抢修好的设备数量迅速增加，坍塌的货物被清理干净，基地一天一个样，甚至一会儿一个样。在这期间，各个基地的员工已经不分彼此，结下了深厚的友谊。

"参与这次支援，让我第一次感受到了大自然的无情和人类在灾难面前的脆弱。"湖北北新生产值长说，"但让我更受震撼的是涿州基地的同事们。经历这样的灾难，他们虽然都是满脸疲惫、一身泥污，但没有颓废、没有放弃，每个人都积极向上、全力救灾，用实际行动感染着我们。更让我们骄傲的是我们北新人这支队伍，既团结又强大，我们在一起没有什么不可战胜的。"

在这场爱心驰援中，兄弟基地的 9 支突击队在涿州基地驻扎了 15 天。他们一呼百应，敢打硬仗，能挑重担，勇于担当。他们用实际行动证明了，我们是团结的北新人、是战无不胜的北新人！

向这些可敬可爱的北新人致敬！

朔州突击队：周永宁、安建军、丁帅、曹志浩、丁江、廉凯、王立华、贾志军、马真、闫玉龙、孙建春。

平邑突击队：杨勇、路光波、胡金国、李桂林、杨华、翟涛、公维伟、孟凡清、张嘉恒。

天津突击队：冯亮、陈贺存、陈胜时、程舒桐、陈建强、王敬泽、陈欢。

故城突击队：周健、刘朝峰、曹志、商美桥、夏超鹏、赵桐、李志刚、霍闫、赵文峰、赵志锋、刘晓东、刁呈帅、商晶晶、骆强、夏瑞瑞、李文龙、杨忠华。

滨州突击队：刘利龙、杨振、赵日成、索相鑫、吉登尧、刘进堂、刘同青、韩荣垒、张平、刘振猛、朱乐洋、李新瑞、李敬强、张安军、吉宗辉、齐长成、马凯、梅龙、董传飞、王彬、李新宝、张义军。

淮南突击队：程璐、陈松、荆体杰、李磊、许庆春、宗文宇、朱堂杰、朱洋、曹维笛、王宁、程国攀、李伟、吴克友、魏虎、胡友龙、李忠荣、朱堂义、姚宝顺、徐之良、王舸。

武汉突击队：库涛、张志辉、黎升政、饶东、刘少贵、陈细桓、金逢群、罗天、邱宝成、陶澜、童善文、李星、黎云杰、郑志明、罗鑫、雷震、余利、梅建明、张刚、曾强林。

铁岭突击队：丁宁、杨永发、张建立、杨志凯、毛云飞、贾思宁、李俊、焦俊成、张宁、蒋冬跃、王洪彪。

嘉兴突击队：贾高寒、陈法勇、向楚茂、梁言、郑则明。

风雨同舟的伙伴

风雨时刻，50余家合作伙伴不顾个人安危，给涿州基地送来紧缺物资。他们用实际行动诠释了什么是铁打的朋友，什么是风雨同舟的伙伴。

在北新建材发展之路上,有一群坚定的同行者——数万名经销商、供应商和承运商。他们遍布全国各地,四十余年来与北新建材携手并肩,共同在市场上打拼,一起经历了无数的挑战与考验,结下了深厚的情谊。

涿州遭遇特大洪涝灾害后,全城断水断电,城市内涝严重,整个城市物资紧缺。在此紧急关头,50余家经销商、供应商、承运商得知北新建材涿州基地受灾后,迅速响应,送来数千箱食品和饮品、发电机、消毒液等必需物资,及时缓解了涿州基地灾后物资短缺问题。

涉水驰援　情义无价

灾后,涿州洪水尚未完全退去,众多合作伙伴仍蹚水而来,送来了急需的设备和物资。

涿州本地经销商致信合成负责人范战猛,在灾后第二天不顾过膝的洪水和自身安危,第一时间将叉车、锅灶、充气艇和饮用水等紧缺设备和物资送到了涿州基地。抵达后,得知涿州基地停电,随即找来发电机和技术人员,成功解决了涿州基地的用电难题。

北京经销商伟程嘉业负责人陈建成得知涿州基地受灾后,与同事连夜行动,四处筹集物资,并亲自开车赶赴涿州。由于京港澳高速部分路段因洪水受损,他与同事不得不多次更改路线,穿越泥泞的村镇公路。当把物资安全送达涿州基地后,面对感谢,他谦逊地表示："我们只是尽了自己的一点绵薄之力"。卸完物资后，他与同事顾不上休息，就马不停蹄地返程了。

得知涿州基地灾情后，军人出身的北京中和润建筑材料有限公司总经理张豫立即组织员工采购了一大车急缺物资。但因为灾后道路积水，行进困难，大车易造成拥堵且运输不便，后改为商务车运送。张豫亲自带队奔赴涿州，大大小小的物资装满了车内的每个角落，甚至他怀里还抱着一大包。他就这样连续几个小时抱着物资一路到了涿州基地。

北京恒盛嘉龙新型建材有限公司总经理冀振江在得知涿州基地受灾后，亲自带队，连夜带了满满一车救援物资奔赴涿州。但由于灾区路况和导航故障，半夜他们的车误入一个洪水未退的村庄。月光下，水面一片波光粼粼，让人望而生畏。冀振江下车查看了一下水的深浅，最后做了一个大胆的决定——冲过去，要尽快把物资送到。夜色漆黑，恒盛嘉龙的物资车最终顺利冲出了被洪水封锁的村庄，安全抵达了涿州基地。

长城远大和万象龙源的负责人，也分别带着员工赶到涿州基地。他们一路上涉水而行，送来大量食品和矿泉水等物资，还帮助基地清淤。

贴心关爱　助力复产

当时正值 8 月，烈日炎炎，基地没有恢复供电，大量人员每天冒着酷暑全力救灾，推进复工复产工作，体力消耗巨大。

北京大视野工贸有限责任公司负责人得知后，东奔西走，采购了400个西瓜，并以最快的速度送到了涿州基地，为艰苦的救灾工作带来甜蜜和清凉。黄骅冠森的负责人吴清跃，亲自驱车送来大量猪肉，为大家补充体力。这些贴心和实用的物资，让大家非常感动。

在这次洪灾中，涿州基地石膏板厂办公楼一楼被淹没，所有办公设备泡水损坏。北京凯创兴业建材有限公司总经理张凯得知后，专门打来电话询问情况，然后火速联系购买了打印机等办公设备，送到涿州基地，解了燃眉之急，加快了石膏板厂复产工作。

万通木业、北京德瑞鸿建筑装饰等经销商送来矿泉水等物资。天津区域的经销商们委托销售人员送来消杀物资、食品饮料、电脑设备等。这些来自合作伙伴的深情厚谊，为涿州基地灾后重建注入了更多的力量和信心。

感动的故事很多

灾后,像这样的故事每天都在涿州基地上演。这些合作伙伴们知道涿州基地断水断电,送来物资后不喝一口水、不吃一口饭便离开了。他们还纷纷表示,后续还将根据需要提供更多的救援物资。他们也会在日后的工作中,广销龙牌产品,鼓励大家增强信心、放宽心。

风雨时刻见真情!在洪灾的肆虐之下,北新建材与合作伙伴之间的情义愈加珍贵。这情义,早已经超越了商业的利益,赋予了"合作伙伴"这四个字更深层的意义——是伙伴,在挑战前肩并肩;是朋友,在逆境中互相支撑;是家人,在风雨中共冷暖。这些风雨同舟的故事也将永远铭记于北新人的心里,成为激励大家不断前行的力量。

每个人的坚守，
一群人的众志成城

每个人的坚守，一群人的众志成城。天灾无情，但涿州基地员工们不怕困难、顽强拼搏、坚韧不拔的精神感染和振奋了所有北新人。他们用实际行动筑起了抗洪救灾的第一道防线，成为那个夏天最动人的风景。

在涿州，人们几乎没有与洪水相关的记忆。这场百年不遇的洪水，导致北新建材涿州基地209名员工家庭遭受灾害，其中37名员工的家庭受损尤为严重。在这艰难时刻，涿州基地干部员工展现出非凡的勇气、惊人的毅力和强大的组织力。他们坚守在自己的岗位上，用实际行动在抗洪复产一线谱写了一曲曲感人的赞歌。

冲锋在前的张凯

"身处一线，洪水不退，我们不撤。"洪灾发生后，当时担任龙牌公司北方公司总经理的张凯一直奋战在一线。他第一时间深入实地勘察，及时摸排受灾程度，严密细致做好科学规划，制订抢险减灾工作方案和复工复产计划；随时掌握、及时上报抢险救灾的情况，安排部署人员转移安置，积极做好园区、车间物资抢救与产品发货，联系相关人员进行救援物资储备，组织人员进行排水排涝及消毒工作。洪灾发生后的前几天，由于人员、设备、物资都未到位，基地面临各种困难。他常常忙碌到凌晨，最终病倒在一线。仅在医院输液半天、身体稍好后，他又毅然决然地返回工作岗位。

每天清晨，他组织大家召开晨会，明确目标、分配任务、调配人员和有限资源，一起加油鼓劲。夜晚他又组织大家总结当日工作，协调和解决困难，并制订次日计划。

面对物资匮乏的困境，他积极与政府沟通，争取到叉车、铲车、清扫车等清淤设备。他在一线协助抢救物资、进行清淤工作，先后圆满完成轻钢龙骨、矿棉板等产品供应，以及轻钢龙骨、矿棉板生产线的全线复产工作等。

不惧伤痛坚守一线的秦东杰

洪水退去后，一直坚守在一线的龙牌涂料涿州总经理、厂长秦东杰，带领大家摸黑进入涂料车间进行灾后清理工作。他一边给大家鼓劲加油，一边清理脚下厚重的淤泥。在紧张忙碌的清理过程中，他不慎重重地滑倒在地。这突如其来的一幕，让所有人都慌了，纷纷围拢过来，急切地询问他是否有事。他紧咬着牙关，强忍着疼痛，站起身来说："没事，大家别担心，继续干活。"说完，再次投入到紧张的工作中。

接下来的一周时间里，他向大家隐瞒身体的不适，加班加点、夜以继日地工作，没有片刻懈怠。直至涂料生产线复产，他才松了口气，在家人和同事的再三劝说下，去医院做了身体检查。检查结果比想象中严重得多——两根肋骨轻微断裂。医生建议住院治疗，可他却拒绝了："现在厂里刚恢复生产，还有很多事情需要我处理。我不能在这个关键时刻离开。"在简单做了胸腹固定处理后，他再次回到了工作第一线。

不知疲倦的"暖心小棉袄"王晓晶

"再提醒一下大家，园区道路湿滑，一定要注意安全。"时任龙牌公司北方公司运营经理的王晓晶，在了解到涿州灾情的第一时间，便迅速在天津组织应急物资，同时联系故城北新、天津北新，确认是否有宿舍可调剂，做好接收转移的涿州基地员工的准备。

8月2日一早，她便跟随载有便携发电机、充电宝、手电、速食品、饮用水等物资的转运车辆到达涿州基地，并随即加入了涿州抗洪救灾突击队，与大家同吃、同住、同作业，共克难关。

作为一名共产党员，她总是冲在前面，承担起组织协调志愿者服务、调配物资以及收集宣传素材等工作。她经常连续工作到深夜，但从不喊累、从不叫苦。她全程参与了涿州基地抗洪救灾、复工复产工作。在救灾和抗洪一线，她忙碌的身影勇敢而坚毅，她阳光乐观的笑容温暖着现场每一个人。

一家人不说两家话的梁伊海

2023年8月2日，面对严峻的涿州基地防汛抗洪救灾形势，当时担任北新建材龙牌公司北方区域河北省区经理的梁伊海，带领河北区域销售团队，紧急驰援涿州基地。他们迅速募集了一批灾后救援物资，又从石家庄的经销商那里借了1辆货车，送来2台发电机、

4台抽水泵、60双雨鞋、20件矿泉水和面包等应急物资。

来到涿州基地后,他和河北区域销售团队又马不停蹄地协调销售人员把受灾人员转移到安全区域,并为受灾人员分发救援物资。

洪水退去后,车间布满淤泥。当时,涿州叉车运力紧张,梁伊海迅速与廊坊、北京等地联系,紧急调拨了10台叉车进入厂区作业,及时清理了车间、办公室等地的淤泥与损坏的原材料,有力推进了基地的复工复产。当涿州基地的同事向他表示感谢时,他说:"咱们是一家人,一家人不说两家话。"

基地守护者樊宝君

作为龙牌公司涿州分公司副总经理,樊宝君在收到洪水即将来临的信息后,立即安排防汛工作。涿州基地遭受洪水威胁全部陷入停顿后,他坚守在一线,积极安排滞留人员分散转移,保障员工的生命安全。

灾后,他及时协调紧缺物资,为各个车间生产线复工复产保驾护航。作为石膏板车间的负责人,他与员工们一起,奋战在石膏板车间的救灾现场,清理淤泥、抢修设备,尽力挽回损失。他不分日夜带领员工在轻钢龙骨车间进行生产设备调试,终于在8月11日凌晨,成功实现了轻钢龙骨生产线的复产,极大地提振了员工们的士气。

这期间,他一直顾不上回家,坚守在基地抢险救灾、复工复产的阵地上，顾不上照顾家中年迈的父母和怀孕的妻子，反而还让他们为他担心，对此，他一直心怀愧疚和感激。只能全力以赴完成工作，不辜负家人的支持和同事们的信任。

"超长待机"的李国冉

龙牌公司涿州分公司副总经理李国冉的家在北京市房山区琉璃河镇。在2023年7月底的洪灾中，涿州基地受灾，他家新盖的房子也在洪水中被淹了。

李国冉自7月26日开始就一直没离开过基地。洪灾后，他一直奋战在涿州基地抗洪抢险的一线。白天，他指挥救灾、修理设备、开叉车搬运物资，忙得团团转。晚上还要制订第二天的工作计划，与基地的党员干部一起通宵坚守，每天"待机"15小时以上。

得知家中受灾后，他含着泪告诉老人回不去。李国冉的父母只有他一个儿子。母亲因痛风不能长时间行走。两位老人心疼家中物件，自己搬搬抬抬，把重要物品尽可能地移到高处。

洪水退去后，李国冉虽然心有不舍，但"大家"的利益让他顾不得自己的"小家"，又快速投入到复工复产的新一轮战斗中。

直到矿棉板车间全线复工复产，李国冉才松了一口气，灾后第一次回家，那时家里的淤泥已经清理干净。

全力以"复"的刘受志

洪水发生后,龙牌公司涿州分公司生产高级经理刘受志心急如焚。他通过网络关注洪水情况,了解车间进水、员工及家属安全情况。洪水退后,他第一时间自驾车,辗转多条高速公路返回基地。

作为龙骨车间的负责人,刘受志回去后立即投入到组织车间各项抢险工作的紧急任务中。龙骨车间人员少,设备、原材料、产成品等大量泡水,清理和抢救任务重。面对这种情况,他把员工分成清理组、设备抢修组、资产抢救组,井然有序地开展工作。

刘受志白天统筹龙骨车间的抢救工作、协调北京总部同事的支援工作,与大家一起抢修设备、抢救产品,晚上带领着团队一起加班到深夜,加速推进复工复产。经过大家夜以继日的努力,终于在灾后第 11 天,龙骨车间率先恢复了生产,并被央视《新闻联播》栏目报道,向全国人民展示了北新速度和央企力量;在洪水退去 21 天后,龙骨车间全面恢复了生产,没有任何一个项目因为洪灾而影响供货。

传承"西三旗"精神的高玉柱

龙牌公司涿州分公司高级经理、装饰板车间总指挥高玉柱是老北新人。涿州基地受灾后,在北京的他心急如焚,一直放心不下工厂，通过手机和电视新闻持续关注着涿州洪灾情况。

2023年8月5日，他在公司微信工作群看到办公室在统计用餐人数，便立马坐不住了，和几位老员工商量后，一起自驾赶回涿州。到厂后，立刻加入到清理现场及抢救物资的工作中。

在他的带领下，装饰板车间的员工冒着高温，在恶劣环境下开始自救，没有机械设备可用，就直接用铁锹和手清理废物，用手推车往外运输。

天气炎热，大家的衣服湿了又干，干了又湿，反反复复。他不顾工作强度大、身体不适一直坚持在一线。2周后，地面基本清理干净，随后又投入到生产设备的修复工作中。

作为一名老北新人，他说："干事创业没有一帆风顺的。北新建材就是从西三旗出发，一步步拼搏奋斗才有了今天的成绩。只要我们保持这种奋斗精神，任何困难都阻挡不了我们。"

尽职尽责的姚海伦

姚海伦是龙牌公司涿州分公司石膏板车间的生产主管。2023年7月30日中午，家住涿州市双塔区北关村的他，接到了全家撤离的通知。当时他的爱人正在上班，家里只有孩子，而姚海伦本人在朔州北新支援生产，也无法顾及家里，只能赶紧打电话通知孩子撤离。最终家里积水达2米深，淤泥有20厘米深，家具家电全部无法使用。

8月7日，他连夜赶往涿州，却没有选择回家，而是直奔基地，加入到灾后清理工作中。他带领石膏板党员突击小组抢救石膏板库房成品及办公室重要物资。在矿棉板车间生产线成功复工后，他又带领支援小组参与到矿棉板的生产中。他白天是奋斗在抢救一线的"特种兵"，晚上是为第二天工作安排积极献策的"智多星"。他每天工作时间达13小时以上，但从不喊苦叫累。他说，真恨不得自己长出三头六臂，帮助基地早日恢复生产。

逆流而上的石伟

在这场洪灾中，涿州基地的电力设施遭受严重破坏，导致整个园区断电。龙牌公司涿州分公司矿棉板车间电气工程师石伟得知后心急如焚，2023年8月3日，他带着紧急采购来的两台水泵火速赶回基地。

石伟不仅忙于矿棉板车间的电机设备的紧急修复，还积极与电力局等相关部门沟通协调。他与队友们在齐胸深的水中反复检查和抢修，每天只睡两三个小时，最终成功恢复了基地的电力供应。

8月10日，随着办公楼恢复通电，"来电了，来电了"的欢呼声在办公楼内回荡。电力的恢复极大地鼓舞了大家的士气。石伟与队友稍作休息后，又继续投入到紧张的抢修工作中。8月11日，龙骨、涂料车间恢复供电！8月12日，矿棉板车间恢复供电！石伟以务实肯干的态度和不怕苦累的精神，展现了电气工程师的职业风采和精神风貌。

"最牢固的螺丝钉" 张从山

张从山是龙牌公司涿州分公司矿棉板车间的一名普通维修工。他的家离泄洪河道仅一步之遥。洪灾发生后，他的妻子、孩子和七十多岁的岳父跟随村干部转移到安置点。而张从山虽然牵挂着家人，却选择留守在基地。

汹涌的洪水如同一头凶猛的巨兽，吞噬了他家的五间正房，还有十几亩即将丰收的庄稼。张从山的心中满是无奈和痛楚，但他知道，此刻的他必须坚强。他与同事们一起清理淤泥、抢救物资，为了抢复工复产进度，每天加班加点地维修设备。

"洪水冲走了财物没关系，只要人在就什么都会有。"张从山热心地开导其他受灾的同事。在涿州基地，张从山的踏实肯干是出了名的，他不怕苦、不怕累、不怕脏，乐于助人，就像一颗永不生锈的螺丝钉，牢牢地钉在了每一个需要他的地方。

同事问他为什么总是这么有干劲，张从山的眼神坚定而明亮。他说："我就想为北新尽一份自己的力量，让我们公司越来越好。"质朴的话不仅仅代表着他的心声，更代表了北新人对抗灾难、坚守岗位的最强音。

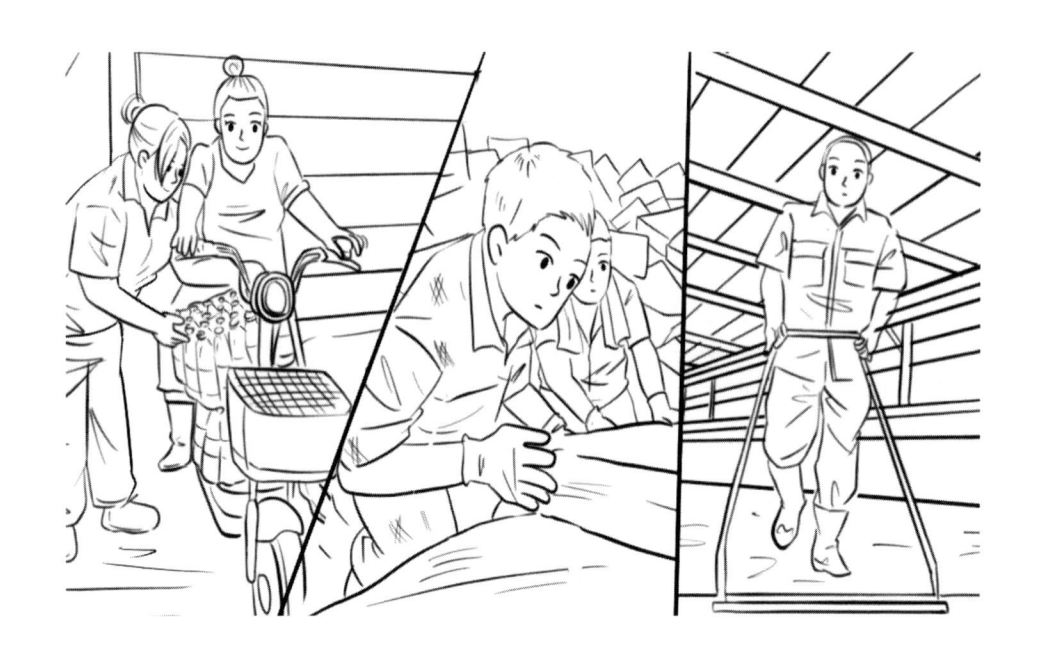

巾帼不让须眉的商务部

在这场与时间赛跑的抗洪救灾与灾后重建战役中,龙牌公司涿州分公司商务部的女员工们"巾帼不让须眉",奋战在最前线,展现着坚韧不拔的"巾帼"力量。

商务部的办公室在此次洪灾中积水达 2 米,受灾严重。等洪水退去后,刘海燕和孙晓云等一早便赶到基地收拾打扫。推开办公室门的一刹那,她们欲哭无泪,室内垃圾遍布,文件资料全陷进淤泥里,办公家具更是四处散落,场面触目惊心。虽然眼中含着泪,但她们很快就投入到清理工作中。

整个部门齐心协力,经过 11 天的努力,终于清理完毕,恢复了正常的订单、发货工作。完成了本部门的清理工作后,她们并未停下脚步。8月16日和17日,她们前往矿棉板车间支援。搬不动近百斤的矿棉板,这些姑娘们就争分夺秒地帮着拆除被泡矿棉板的外包装箱,方便其他同事后续清理。

救灾和复产阶段,涉及大量车辆调动、物资运输、存货统计等工作,她们全力以赴,没有一丝懈怠,为抗洪抢险的顺利实施提供了重要保障。

事无巨细的综合管理部

在这次抗洪救灾工作中,龙牌公司涿州分公司综合管理部承担了后勤物资保障的重任。洪灾导致基地停水、停电、停气,食堂无法正常供餐。综合管理部迅速行动,联系外部餐厅为返厂员工提供盒饭,并安排了液化气及市政送水,确保了基地在受灾后第八天便恢复了食堂供餐。

北新建材总部、兄弟单位、经销商和合作方为基地送来了大量救灾物资。综合管理部的五位女员工不辞辛劳,加班加点地对这些物资进行登记入库,并按需分发。日复一日,她们将加餐、功能饮料和水等补给品送至车间,为前来支援的员工补充能量。夜深人静时,她们还为抵达涿州的救援队伍安排食宿。

长时间的工作让她们的脚底磨出了水泡,小腿肿胀到难以穿入雨靴,但五位女员工没有一人抱怨或退缩。她们表示,看到同事们不顾个人安危，在危险和高温环境中抢救公司财产，甚至有的同事在过敏和感冒中依然坚守岗位，深受感动。这次抗洪抢险的经历锻炼了大家的意志，凝聚了所有北新人的心。

世上没有从天而降的英雄，只有挺身而出的凡人。天灾无情，但涿州基地员工们不怕困难、顽强拼搏、坚韧不拔的精神感染和振奋了所有北新人。他们用实际行动筑起了抗洪救灾的第一道防线，成为那个夏天最动人的风景。

第三章
转危为机

全面复工复产，见证"龙牌"速度

质量和信誉，我们永远的追求

质量和信誉，一直是北新建材坚守的底线和永远的追求，也是北新建材对社会的庄严承诺。这是北新人秉持的信念。即使面对灾难，北新人的精神也从未被击垮。相反，灾难成为激励北新人奋进的动力和前行的力量。

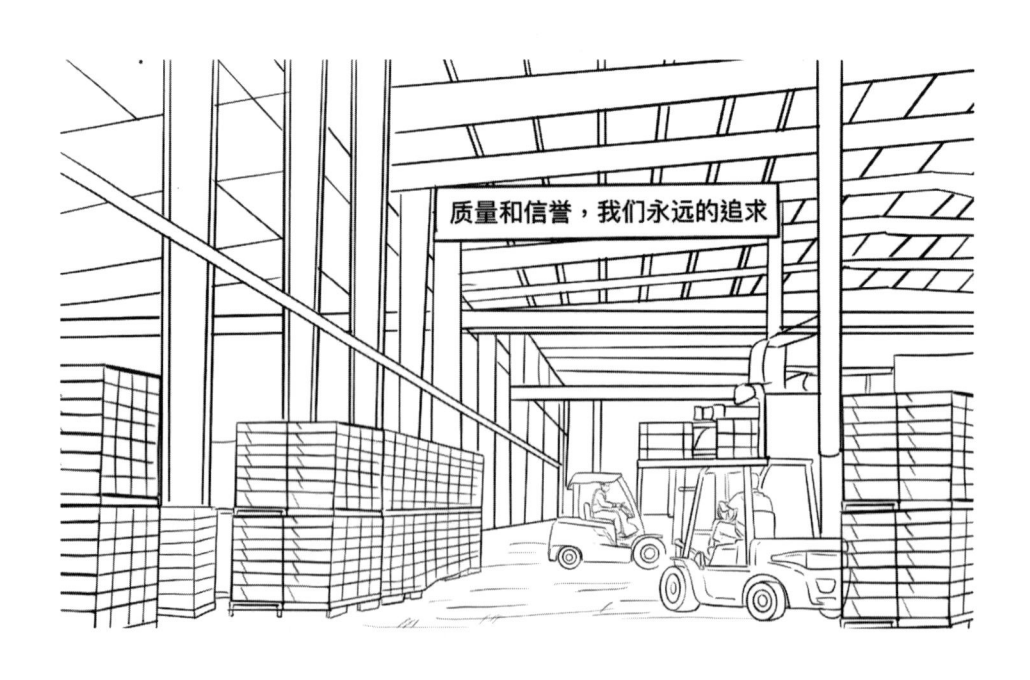

涿州基地的车间内高挂着一句标语："质量和信誉，我们永远的追求。"洪水肆虐后，各个车间全部停摆，标语下一片狼藉，只留下倾塌的产品、泡水的设备和满地的淤泥。

质量和信誉，一直是北新建材坚守的底线和永远的追求，也是北新建材对社会的庄严承诺。它不仅仅是对外宣传与商业竞争的要求，更是对企业内部的要求；不仅仅是对生产、经营的要求，更是对企业每一环节的要求；不仅仅是对某些人的要求，更是对每个人的要求；不仅仅是一时的提倡，更是永远的追求。这同样是对洪灾后涿州基地和所有北新人的要求。

坚定信念　加快复产

洪灾后，就在大家齐心协力开始清理现场、抢救物资和设备的时候，多个经销商打电话到涿州基地各部门生产主管那里，担心地询问是否可以按时、保量交货。市场上也传来了一些不和谐的声音，一些竞品厂家人员甚至在项目现场扬言："北新肯定是供不上货了！"一些员工心里也犯嘀咕，开始忧虑。

北新建材领导知道此事后，亲自组织宣传部门，深夜加班制作并发布涿州基地灾后第6天、第8天成功发货的视频，及时有力地向市场传递信心。龙牌公司管理层及时分析目前面临的困难和市场形势及订单缺口，鼓励大家要坚定信念，不要被打乱阵脚。继续按照公司统一部署，加快抢救成品、抢修设备，尽早复工复产，才是应对市场考验、维护品牌声誉、保住大家饭碗的根本。

员工们听后，都深受鼓舞。涿州基地拉出"保订单就是保饭碗"的横幅，动员基地员工及全国多个基地赶来支援的人员投入到救灾和复工复产工作中。

大家有序地开始灾后自救：一方面抢救成品，及时恢复对外发货，稳定市场信心、保住订单；另一方面抢修设备恢复生产，保障持续供货。大家都认识到，只有把生产现场清理出来、生产设备抢救出来，才能为下一步恢复生产、全面保产保供打下坚实的基础。

尽管泡水后的产品变得特别沉，工作环境也十分恶劣，空气中弥漫着刺鼻的异味，还可能潜藏着各种致病菌，但大家没有丝毫的退缩和怨言，为了能够早日复工，干得热火朝天。

灾后第六天　轻钢龙骨发货

2023年8月4日至12日，在北新建材高管带领下，来自北新建材总部职能部门、龙牌公司、北新涂料等各板块公司在京单位的志愿者们克服早出晚归、气温炎热、空气潮湿、车间闷热、蚊虫叮咬、气味难闻等一系列困难，连同龙牌公司其他外埠基地和涿州本地员工，前赴后继，没日没夜倒班抢修清理设备，搬运未受损物资，并对外观有瑕疵的产品重新挑拣打包，以达到发货标准。

8月6日，没有辜负员工的汗水和客户的信任，灾后第一批次的轻钢龙骨产品整装待发。伴随着夜幕降临，涿州基地用紧急维修好的一台叉车，克服地面湿滑的困难，成功装车并发货。公司宣传组连夜拍摄剪辑视频，加班到凌晨3点，第一时间将涿州基地灾后成功发货的消息传达给公司员工、市场和社会，极大地提振了各方信心。

不丢失一个订单

洪灾后，矿棉板的供货计划也被打乱。原定于8月初送往北京城市副中心项目的8万平方米高端矿棉板产品大多因为受潮而不能使用。

北京城市副中心项目办、建材科技处打来电话求证，并希望涿州基地务必克服困难，按时、保质、保量地完成供货，不能影响北京城市副中心的搬迁工作。

所有项目务必成功发货！不仅仅是北京城市副中心项目，也不仅仅是矿棉板。"不丢失一个订单",这不仅是北新建材对自我的要求,也是对客户的承诺。

因为矿棉板车间无法使用叉车,只能完全依靠人工搬运抢救物资。经过大家的连续奋战,终于整理好满足发货条件的首批矿棉板,发至北京城市副中心项目现场。与此同时,矿棉板车间日夜加班加点,冲洗设备、维修电机,只用一周时间就恢复了精加工生产线的运转。

生产线恢复了,连续生产的能力具备了。其中,矿棉板订单不仅量大,项目意义也非常重大。因此,销售人员也响应公司号召,第一时间加入到矿棉板工厂的复工复产中来。那段时间,销售人员每天早晨7点就到涿州基地。他们加入矿棉板车间抢救可用成品、半成品的队伍中,并对质检后的合格品进行重新包装。他们还协调精加工生产线的生产排产,第一时间把生产情况反馈至施工项目,统筹各项目的订单生产及供货,按照各项目日安装量以及工厂最大生产能力给各项目分配发货量,保证各项目的正常运行。

在面对灾后多重项目压力和供货需求的挑战下,整个团队展现出了非凡的应变能力和高度的责任感。灾后第8天,涿州基地矿棉板成功实现发货。除了确保北京城市副中心项目这一核心订单的生产不受影响外,还圆满完成了包括全国平安项目、深圳嘉里项目等在内的多个重点项目的供货需求。

灾后一个月　全面复产

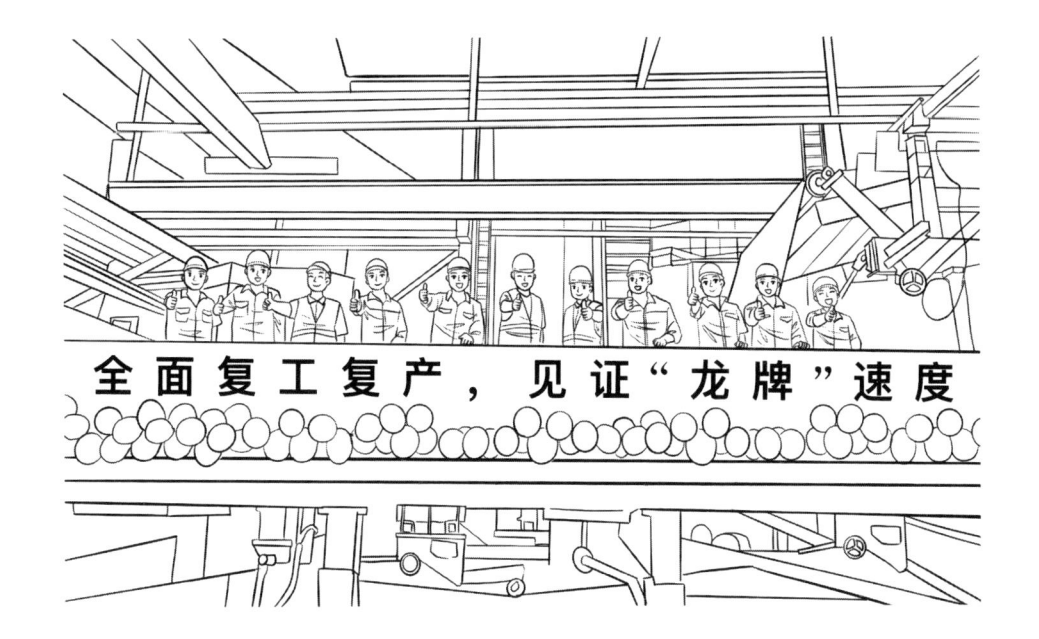

"每一天大家都很艰难地开展工作，早出晚归。"回忆起灾后复工的那段日子，每个参与其中的北新人的心中都充满了感慨。

为保订单和发货，从公司领导到工厂员工，大家都全力以赴去解决各类问题。矿棉板车间人手不够了，各基地同事便过来支援。每个人不分岗位，哪里需要就去哪里。

灾后20多天，恰逢北新建材8·28文化节。在企业文化&创新表彰大会上，公司特别设置"人和"团队金奖，颁发给涿州基地全体员工。随后的"人和"音乐会上，也用歌曲《裹着心的光》向他们致敬。北新大家庭的温暖感动着他们，也给了他们巨大的信心和动力。参加文化节的员工代表不等演出结束，便匆匆告别，星夜赶回涿州。当时，正是向全面复产冲刺的关头，他们目标明确，每天都在抢抓生产进度。

付出都是值得的，灾后第6天轻钢龙骨货物发出，第8天矿棉板发货，第11天全产品发货，灾后1个月涿州基地全面复产，顺利渡过了供货的瓶颈期。

涿州基地能在灾后按时、保质、保量交付订单，这不仅是企业实力和管理水平的体现，更是团队凝聚力、应急响应能力和供应链韧性的综合展现。

顺利完成了一个个订单后，北新建材也收获了客户的赞扬及认可。硕果累累的9月，矿棉板车间产销量同比上升5%，完成了北京城市副中心订单的供货，也保证了北京城市副中心二期顺利剪彩，并获得了北京城市副中心行政办公区工程建设指挥部颁发的感谢证书。中央电视台也持续跟踪报道北新建材涿州基地灾后快速发货和复工复产，成为河北灾后复工复产的典范。

"质量和信誉，我们永远的追求"，这就是北新人秉持的信念。即使面对灾难，北新人的精神也从未被击垮。相反，灾难成为激励北新人奋进的动力和前行的力量。我们深知，在逆境中更需要坚定信念，勇于担当，用实际行动和优质产品回馈客户的信赖，这是北新人的宗旨和使命。

灾后第 11 天，龙骨厂率先复产

2023 年 8 月 11 日凌晨 4 点，北新建材涿州基地按下了复工复产快捷键，轻钢龙骨生产线在灾后第 11 天，以最小的投入、最少的损失、最快的速度，完成了灾后复工复产。这是一个关于团结、坚韧和重生的故事，将被永远铭记在涿州基地的历史长河中，也将留在龙骨车间所有员工的心里。

2023年夏，涿州的天空仿佛破了个大洞，暴雨连绵不绝。8月1日下午，雨终于停了，但天空依然阴沉如同黑夜。对比之下，涿州基地轻钢龙骨车间里的白炽灯显得格外明亮。车间里气氛有一丝丝紧张，专注赶工的工人们还不知道，一场巨大挑战正在悄然逼近……

紧急撤离　　全员安全

"叮铃铃……"临近中午，销售部门十万火急的电话通知，让龙骨车间所有人的神经绷得更紧了，有一个订单的客户要求当天必须生产出来，晚上要送到项目现场。大家紧锣密鼓地加快生产。

然而，基地全面停止生产、准备应对洪水的通知，硬生生给车间按下了暂停键。

大家立刻行动起来，迅速关闭所有生产机组，把所有人分成三组：第一组负责搬运消防沙袋，对车间的三个大门和一个办公区入口进行加高，阻拦洪水进入；第二组负责对库房的产品进行加高堆垛，经过紧张有序的作业，库房由原来的2架或3架高，全部码放成5架高，并重点把货值较高的材料码放到高处货架，尽可能地避免损失；第三组则将车间各生产和照明电闸断开，将办公室的电脑、复印机、技术资料等重要财产，码放到柜子顶部或者搬到宿舍楼二楼存放，规避了潜在的安全隐患。同时，及时向销售部门反馈洪水即将进入基地、短时间内不能发货的情况。

1个小时之后，洪水涌入基地，快速向龙骨车间逼近。按照基地的统一安排，车间内全部人员都撤离了生产区。8月2日凌晨，龙骨车间水位达到了61厘米！整个基地都浸泡在洪水中……

众志成城　抢险救灾

8月3日，基地里的洪水开始退去。大家忧心忡忡地赶往车间。龙骨车间进水深度最浅，成为第一个抢救和清理的车间。

在公司各级领导的统一部署下，明确了当前的主要任务：抢救资产、抢修设备、清理现场。

任务一：抢救资产

龙牌公司及旗下的北方公司立即做出处理方案：第一时间联系了天津北新和故城北新，请两个基地做好准备，接收涿州基地的钢带。这些钢带由于缠绕紧密，内部没有进水。涿州基地等到交通恢复后便第一时间转运，仅用3天时间便送至天津北新和故城北新。两个兄弟单位接收到钢带后，以最快的速度进行生产使用。由于处理非常及时，这些钢带没有任何损失。

针对龙骨，北新建材党委指示，要以最快的速度进行分类、挑选、搬运，最大限度地挽回损失。

时间紧急，"一方有难，八方支援"，在北新建材工会统一安排和倡议下，从8月6日到12日，来自北新建材总部、龙牌公司各部门、在京各板块的支援人员源源不断赶赴涿州。其中，大部分人参与了抢救龙骨的工作。

其间，有的同事连续来了三四天，有的同事不但自己参与抢救物资，还带着家属参与进来。大家都表示，看到涿州基地遭受这样的灾难，都想尽一份力。

任务二：抢修设备

洪灾后，龙骨车间设备泡水，生产线全线停摆。

由基地的技术主管带队，石膏板电气人员、钳工辅助，共计8人组成灾后的设备抢修组。在紧迫的时间里，他们迅速制订出抢救方案，将团队分成电气、机械两个小组，双线推进，加快抢修速度。

机械组第一时间联系了设备加工厂家，要求提供技术指导和现场协助，然后组织人员对全部泡水的72台电机进行拆除，并将泡水电机分批次发到霸州市广生冷弯机械有限公司进行拆解、清理、烘烤、安装、调试。

电气组也第一时间将泡水的变频器、可编程逻辑控制器（PLC）、伺服控制器拆除，送至北京惠泽励合电子科技有限公司、河北廊安自动化设备科技有限公司进行拆解、烘干。这些精密设备需要在恒温箱中烘烤48小时以上才能进行拆解、测试和维修。

得益于提前沟通筹划，设备才能顺利被送至3家伙伴公司抢修。这些关键设备的成功维修和更换，为车间的快速复产提供了坚实保障。

在等待变频器的间隙，电气组的成员们也没有闲下来。他们逐一对配电柜进行清理，像外科医生一样，对内部的小型变压器进行拆除和烘烤处理。对弱电部分进行了不带负载测试，确保每台电气设备都能在通电后正常运行。经过一系列精心操作，最终通过了无故障报警后的整体测试。

随后，设备抢修组又借鉴石膏板车间和矿棉板车间的模式，采购了专用清洗剂，对泡水的接线端子和电气控制柜进行了逐一清洗。通过这种方式，不仅避免了后期生锈的可能，也确保了生产的连续性。

任务三：现场清理

龙骨车间面积达 6000 余平方米，洪灾后留下来一层厚厚的淤泥。现场清理是最艰巨的任务。产品规格多且库存量大、设备内部空间狭小，都给清理工作带来了挑战。最终，采取了分区分块的策略，像棋盘上的棋子一样，挪开一块，清理一块，从里向外，循序渐进。

设备区是整个车间的心脏。因为之前设备抢修组已经将电气柜和接线端子进行了专业清洗并烘干，因而不宜再用大量水来清洗。清理组的成员们手持水枪和拖把，一块一块地清洗地面和污水。

清理车间内占地面积最大的成品存放区又是一个挑战。进行地面清理的时候，需要使用叉车，将龙骨一架一架地搬运，腾出一块区域后，清理一块区域，如此往复，从而完成车间全部区域的地面清理工作。

在公司各级领导的鼓励下，在总部和其他基地同事的援助下，龙骨车间的员工们夜以继日地战斗着，复工复产的脚步也逐渐加快。

灾后第 11 天率先复产

8 月 6 日的夜晚，也就是灾后第 6 天，供应给北京城市副中心、国会二期等重点项目的龙骨产品成功发货。这一消息不仅鼓舞了龙骨车间的员工们，也使整个基地人心振奋。从 8 月 7 日开始，每天下午都有龙骨往外发货。

8月10日傍晚，变电所清洗完毕，基地办公楼的灯光重新亮起，那一刻，不仅是电力的恢复，更是点亮了大家复产的希望。

8月11日凌晨4点，龙骨车间7号机组开机的声音如同胜利的号角，振奋人心。中央电视台的《新闻联播》报道了涿州基地复产的消息，把龙骨车间复产的消息传遍了全国，极大鼓舞了每一位员工的士气，也增强了所有人的信心。

8月15日，1号和2号机组的龙骨全自动生产线正式恢复生产，紧接着，4号、5号、6号机组纷纷复产。在更换的变压器到货后，3号机组也恢复了生产。

8月23日，最后一条生产线——3号机组的龙骨全自动生产线恢复生产，至此龙骨车间全面复产，又恢复到往常热火朝天的生产状态。

克服困难　团结一心

在这次洪灾中，龙骨车间也有不少员工的家中遭遇了洪灾，但他们依然想方设法地回到基地，参与到车间的资产抢救、设备抢修和现场清理等工作中。

龙骨车间机长周晓川的家在洪水中被淹。基地领导知道后，积极联系，把他和家人安全转移到兄弟单位避险。洪水退去之后，周晓川第一个回到龙骨车间，参与清淤工作。

家位于洪灾深水区的机长刘学刚，每天都是先蹚水2公里，再开车往返公司。他父母的房子全部被淹，在妥善安置父母后，他立刻返回公司，全程参与抢救抢修工作，没有请过一天假。

家住重灾区的叉车司机路秀清，接到返工通知后，便蹚水回到基地。他每天都从早上8点一直干到晚上9点，甚至凌晨。等到他忙完回家后，被洪水围困多日的家已经熬过了最难的几天。

8月2日凌晨，被转移到衡水的技术主管陈浩，在衡水采购完潜水泵等重要清理工具后，便立即赶回基地参与设备抢修工作……

在自然灾害的破坏力面前，每个人都是微小的，但在北新精神的引领下、各兄弟单位的全力支持下，每个人都有了强大的后盾，公司上下齐心协力，龙骨车间以最小的投入、最少的损失、最快的速度，完成了灾后复工复产。这是一个关于团结、坚韧和重生的故事，将被永远铭记在涿州基地的历史长河中，也将留在龙骨车间所有员工的心里。

登上央视《新闻联播》

登上央视《新闻联播》给了涿州基地员工巨大的鼓舞，也让北新团结一心、众志成城的故事被全社会知晓。涿州基地把复工复产第一面红旗插在自己的生产线上，用争分夺秒的行动告诉全社会，涿州行，北新行！

"河北涿州高新技术产业开发区基本用水用电陆续恢复，企业尽快复工复产。"2023年8月11日晚，中央电视台《新闻联播》报道了北新建材涿州基地加快复工复产的消息。

这一喜讯让涿州基地的全体员工、所有北新人，以及一直关心涿州灾情的人们都为之振奋。北新建材的新媒体平台迅速宣传这个好消息，大家纷纷在社交媒体上点赞、转发，分享这份荣耀和喜悦。

央视来访

8月11日，奋战一夜、刚刚在凌晨实现轻钢龙骨生产线率先复产的涿州基地内，一脸疲惫的大家全都沉浸在喜悦中，一群特殊的"客人"悄然来访。

就在10天前，一场百年不遇的洪水给涿州带来重创，北新建材涿州基地也被洪水围困，全面停摆。作为在涿建材行业央企，涿州基地一方面争分夺秒抢险救灾，另一方面加快推动复工复产。仅仅灾后第6天，涿州基地轻钢龙骨便成功发货；第8天，矿棉板成功发货；8月10日晚，涿州基地恢复通电；8月11日凌晨4点，天未亮，北新建材涿州分公司的龙骨车间内灯火通明，工作人员稳稳按下开关键，涿州基地轻钢龙骨生产线率先实现复产！

这期间，从第一次成功发货到第一条生产线复产，北新建材都第一时间把振奋人心的消息传达给社会和媒体。北新建材涿州基地作为涿州市灾后首批复产企业，受到了包括中央电视台《新闻联播》栏目组在内的众多媒体关注。

中央电视台拍摄团队在轻钢龙骨生产线复产后，第一时间便来到涿州基地。虽然基地内仍可见洪灾肆虐留下的痕迹，但是员工们都在按照分工有序工作。叉车来回穿梭搬运着产品，几辆货车停靠在车间一侧，正在装车。当天，石膏板、矿棉板、轻钢龙骨、涂料全产品实现发货。

当晚，中央电视台《新闻联播》便播放了涿州正在有序恢复生产的新闻，北新建材涿州基地作为代表企业获报道。在涿州开启灾后建设的关键时期，这一消息振奋人心，也给全社会传递了涿州在一天天恢复的消息。

涿州行　北新行

"真的没想到，我们的故事能上《新闻联播》，让全国观众都看到。"一位员工感慨地说，眼中闪烁着激动的泪光。

涿州基地内更是一片沸腾，每个人的脸上都洋溢着自豪和兴奋的笑容，连日来救灾复产的辛苦和压力似乎一扫而光。大家士气高涨，开会时都在讨论着如何把这份荣誉转化为前进的动力，加快推进全面复工复产。

"我们的产品是全生命周期的绿色建材。此次洪灾中的受损产品都可实现回收再利用，经过一系列的加工和处理后，重新成为可用的材料。"时任龙牌公司北方公司总经理张凯接受采访时说。

  2023年8月17日、23日，中央电视台《新闻直播间》又两次报道了北新建材涿州基地复工复产情况。涿州基地用团结一心、众志成城的意志把复工复产的第一面红旗插在自己生产线上，用争分夺秒的行动告诉全社会，涿州行，北新行！

  其间，央视频、中央广播电视总台、新华网、《经济日报》、人民政协网、中国经济新闻网等中央媒体，《河北日报》、河北电视台、河北新闻网、保定新闻传媒中心、《保定晚报》、涿州市融媒体中心、涿州市广播电视台等省市级媒体也纷纷走进涿州基地，把社会各界的关心和关怀带给一线的员工，也把涿州基地成功抗洪救灾、加快复工复产的消息传递给全社会。

  在涿州洪灾期间，还活跃着一支特殊的"突击队"，他们由北新建材总部、涿州基地等宣传人员和工会员工组成。灾情发生后，他们第一时间进行了宣传报道，在救灾和复产的每个重要节点上，都利用新媒体全方位、多视角报道救灾和复产的消息。制作了抗洪救灾及复工复产推文、宣传片等，在公司官方微信公众号、视频号、网站、新浪微博等多个平台推送，为涿州基地凝聚正能量、树立正面形象，赢得社会各界广泛赞誉；制作"涿州加油，北新加油""稳住，我们能赢"的标语、贴纸，营造氛围，有力鼓舞了全员的士气。

"感谢这么多媒体的聚焦与报道，每当家人分享给我关于我们单位的新闻报道时，我都无比自豪。这份关注不仅是对我们工作的肯定，更是激励我们不断前进的动力。"北新建材涿州分公司副总经理樊宝军接受媒体采访时激动地说。

这些媒体报道和社会各界的关注，给了涿州人民和涿州基地员工巨大的鼓舞和支持，也让北新的故事被更多人知晓。这些故事凝聚着团结奋进的力量，带着灼热的温度，闪烁着希望的光芒。

灾后第 14 天，涂料厂复产

灾后第 3 天，北新涂料所属的龙牌涂料涿州分公司便成功发货；灾后第 14 天，成功复工复产。成为涿州市第一批复工复产的企业，用实际行动证明北新人战胜困难的决心和信心，彰显出央企的担当和责任。经此一役，大家的心更加齐、情更加浓、斗志更加昂扬！

2023年8月14日一大早,"啪"的一声,伴随着合上电闸的声音,位于涿州基地的龙牌涂料涿州分公司的涂料厂正式恢复生产。

在涿州洪灾中,涂料厂闻讯而动,第一时间启动应急预案,组建抢险救灾突击队,经过不分昼夜的连续作战,成功挽救225.1万元的物资,将工厂的损失降到最低。其间,北新涂料党员干部和员工在水位下降后第一时间驰援涿州工厂,加班加点地奋战在车间清淤消杀、维修设备、抢救物资第一线。

在涿州市委、市政府的大力支持下,在北新建材以及北新涂料干部员工的齐心协力下,龙牌涂料涿州分公司在洪灾发生的第3天实现成品发货,第7天完成库区清淤,第9天抢修完所有的设备设施,第14天实现生产线的全面运行,成为涿州市第一批复工复产的企业,用实际行动证明北新人战胜困难的决心和信心,彰显出央企的担当和责任。

暴雨突至

7月28日17点,涿州市气象台一则关于"7月29日夜间至8月1日有大暴雨,局地特大暴雨"的天气预报引起了龙牌涂料涿州总经理、厂长秦东杰的注意。他第一时间通知工厂员工,密切关注天气动态,按照"以人为本,预防为主"的原则,做好防汛准备。

随后的3天,暴雨如注,涿州市陷入前所未有的汛情之中。面对极端天气的严峻考验,涂料厂没有选择逃避,而是迅速启动紧急响应机制，集结救援力量，党员干部更是冲锋在前，用实际行动诠释了北新建材人"勇于担当，敢于胜利"的精神风貌。

8月1日下午，随着洪水即将来临的消息传来，全厂上下更是团结一心，众志成城。临近傍晚，基地北门突发汛情，洪水涌入处于低洼地段的原料车间。涂料厂果断决策，立即停止生产，切断车间电源，确保人员安全。员工们不顾个人安危，撸起袖子、卷起裤脚，用最短时间在基地北门筑起了一道1.5米高的防洪屏障，不仅有效缓解了工厂内部的汛情压力，更为后续的物资抢救工作赢得了宝贵的时间。

抢救物资

7月29日8时至8月1日11时，涿州市平均降水量355.1毫米，并且受上游洪水过境影响，受灾面积达225.38平方公里，不少工厂损失惨重。

当时，洪水开始在基地内漫延，虽然涂料车间比基地北门的地势高3.5米，但是仓库还存放着不少物资，一旦被淹，将损失惨重。涂料厂管理层火速动员全体干部员工赶往涂料、粉料车间和仓库抢救物资。大家争分夺秒地将来不及运输、货值较高的原材料和涂料、粉料产品整齐码放在高处，并不断加高防汛沙袋的高度。不知不觉，汗水湿透了大家的衣背。

眼看洪水渐渐逼近车间大门，大家的心更加紧绷起来，手上的动作越来越快。晚上，整个涿州基地都已经断电，四周漆黑一片。大家依靠叉车的灯光照明，继续忙碌。累了就歪在角落歇歇，饿了就吃点面包垫垫肚子，一直到深夜12点。

然而，随着水位上涨，洪水开始涌入涂料车间和仓库。叉车在抢救物资过程中不停地打滑旋转。为确保安全，所有人当即撤退。离开时，涂料仓库内的水位已到脚踝，仓库外的水位更是超过1米。

在全体干部员工的共同努力下，涂料厂成功挽救了钛白粉、纤维素、涂料成品、包装桶等物资，为工厂快速复工复产提供了重要保障。

清淤消杀

8月3日，水位开始下降。员工们闻讯后纷纷返厂，有的员工直接蹚水走回到工厂，裤脚和鞋子里全是淤泥。家在涿州豆庄的生产班长褚金伟，虽然自家整个房子被洪水浸泡，但他依然舍小家顾大家，匆匆返回到工厂，和大家一起奋战。

北新涂料高管们第一时间带领北京总部人员驰援涿州，与工厂干部员工一起组建突击队进行救灾。

大家手里拿着工具，深一脚浅一脚地赶往车间，投入到清淤消杀工作中。当时，车间供电还没恢复，大家只能摸黑干活。车间地面湿滑，淤泥又厚，稍不留神就是一个趔趄。

在这样艰苦的条件下，全体干部员工齐心协力，轮番上阵，共抢救包装桶2.1万个，成品7500余桶。

三天发货

按照原计划，8月初，涂料厂要向北京雁栖湖生态发展示范区环境整治定向安置房项目二期供货。得益于洪水来临前，全体员工争分夺秒地抢救，涂料厂大部分产品没有受到损失。

为了第一时间满足客户的提货需求，灾后，涂料厂在没电的条件下，通过手写发货单据加盖公章，以人力装车的方式，克服重重困难，于灾后第3天成功将货物发往北京项目施工现场，保障了项目的进度。

成功复产

退去后的洪水留下一片狼藉，大家清理完淤泥，做好车间和仓库的消杀工作后，更大的挑战迎面而来——尽快复工复产。

复产前，必须全面检查车间内被洪水浸泡的设备，并在通电之前将所有生产设备修理好，确保通电后设备能够正常运转。

涂料厂连夜制订了一套详细的设备抢修方案，并抽调了郭柳、李天翔、杨生民等一批技术精湛、能够吃苦耐劳的骨干，组建了一支设备抢修突击队。大家分工行动，拆除电机并清除锈迹。虽然满身泥水和油污，大家依然斗志昂扬。

面对被水浸泡的粉料地坑和3台停止运转的罗茨风机，大家一致决定，依靠人力将超500公斤的设备拆卸并吊运上来进行修理。在地下长11米、宽4米、高3米的狭窄空间里，突击队员们趴在满是水珠的设备上拆卸螺丝，胳膊肘被磨得通红，渗出点点血迹。

8月14日，经过多日高强度检修，生产线具备了启动运行的条件。来电通知下达后，机器的轰鸣声在车间上空响起。"终于成功复产啦！"大家激动欢呼，相互拥抱，红了眼眶。

快速复工复产后，涂料车间内，除了墙壁上仍然残留着洪水退去后的痕迹外，几乎看不出这里刚刚遭遇过一场严重的洪灾。机器快速运转、人员有序开展工作，一批批高品质的"龙牌漆"产品正在打包，准备发往全国各地。

在这场抗洪救灾的战斗中，北新建材涿州涂料厂不仅展现出了强大的组织动员能力和应急处理能力，更彰显了企业深厚的文化底蕴和独特的管理理念。他们深知，只有团结一致、共克时艰，才能战胜一切困难和挑战。这种"风雨同舟，共筑安全防线"的精神，将成为北新建材不断前行、持续发展的强大动力。

产销量同比上升，矿棉板厂的复产奇迹

矿棉板厂用近一个月的拼搏，"劈山开路"打赢了抗洪救灾的硬仗。用靓丽的复产成绩维护了公司的信誉，给员工、公司、社会注入了强大的信心和动力。

涿州基地矿棉板工厂是北新建材唯一的矿棉板生产基地，全国的矿棉板订单都集中在这里。每天，大约2万至3万平方米的矿棉板从这里发往全国各地。

但是一场暴雨，打乱了矿棉板车间的生产和供货节奏。洪灾后，涿州基地停摆，矿棉板车间也被淹，生产线全部瘫痪。库内成品的受灾情况，以及无法及时交付订单造成的经济损失和公司的信誉问题，都让大家忧心忡忡。

刻不容缓

2023年8月2日上午，看着基地内的水位维持在1米多不再上涨时，大家再也坐不住了。龙牌公司精益生产部安全环保专家胡莽、涿州分公司副总经理李国冉、工艺技术员宋佳玮登上冲锋舟，向着矿棉板车间划去。

矿棉板车间大门紧闭，他们三位一起用力，试着打开，但大门却纹丝不动。透过大门缝隙发现，坍塌的成品已经把大门通道堵得死死的。三人没有退缩，他们深知，每一秒的耽搁都可能意味着更大的损失。他们跳入齐腰深的浑浊的水中，徒手开始清理。

经过一番艰苦的努力，大门终于被扒开了一道仅容一人进出的缝隙。他们先后挤进去，却被车间内的景象震惊：映入眼帘的是货物倒塌后的"断壁残垣"。原本规整码放的一箱箱高品质矿棉板产品，因为底部被洪水浸泡而坍塌，散落一地。

三个人站在洪水里，望着眼前的景象，心情沉重无比，更是心痛无比，这些都是发货在即的成品。

缓过神后，他们互相搀扶，开始在车间内"跋山涉水"统计受灾情况。他们仔细查看罐区的浸没情况、电气柜的浸水情况、货物的倒塌情况、墙体的开裂情况……一一记录，评估着修复的可能性，同时也寻找着可以挽救的物资。

制订方案

作为北新建材唯一的矿棉板生产基地，矿棉板厂如果停止发货，影响的不仅仅是销量，更是一个个施工中的项目。如何在救灾的同时，做好项目的保供，是一个特别棘手的问题。

面对着矿棉板车间内一座座"小山头"、淹没在倒塌货物下的设备、浸没在残留洪水中的罐体，每个人心中都有巨大的压力。复工复产需待何时，大家的心里都没了底。

8月2日晚上，龙牌公司北方公司和涿州基地通宵汇总梳理受损信息，紧急制订复工复产方案。恢复园区供电、清理道路淤泥、抢救倒塌产品、抢通车间通道、修复机电设备，桩桩件件，刻不容缓。

等复工复产方案制订后，矿棉板车间正式被分为清淤组、抢通组和机电组。清淤组负责清理道路淤泥；抢通组负责抢救产品、打通车间内通道；机电组负责机电设备的修复。

抢救产品

盛夏的天气异常闷热。洪水退去后,在矿棉板车间留下了一片片"残垣断壁",也留下了无数待解决的问题和挑战。

清淤组和抢通组的队员一进入矿棉板车间,一股水腥味混杂着酸腐味扑面而来。一群人站在成品倒塌形成的一座座"小山"前,竟显得格外渺小。被积水泡烂的矿棉板混着淤泥堵住了通道,大家站在残留的淤泥中,都不由红了眼睛。

抢救完好的成品、清理损坏的废品,每一项工作都需要大量的人力,且刻不容缓。时间越长,损失越大。

关键时刻,龙牌公司各基地支援人员火速从四面八方赶来。他们和涿州基地员工一起,投入到矿棉板车间的抢救和清理工作中。

这是一场硬仗!炎炎烈日下,清淤组的同事拿着铁锹,一米一米地往前铲淤泥。汗水浸湿了衣服,他们就脱下来拧一拧,继续穿上;物资紧缺,没有拿到雨鞋的人,就穿着拖鞋泡在水里;由于天然气、水电同时中断,大家就把面包、火腿肠、压缩饼干充当午餐和晚餐。

清淤的同时,抢救成品也尤为重要。矿棉板车间技术负责人刘忠在洪灾后很快便从北京家中返回工作岗位,与技术人员开会商讨,确定了矿棉板车间进水后所涉及的成品、半成品的分类方法。哪种是完好的产品,完好的产品该如何发货,如何利用现有的设备进行关键指标的检验，如何保证出厂货物的质量；哪种是可供改裁和后续处理的产品；哪种是确认损坏的产品等。他们对此都一一制订了相应的标准。

"轻微破损的产品不能'一棒子打死'，在保证质量的前提下，后续可改裁成其他规格。"刘忠这一想法的提出大大降低了损失。

大家靠手搬肩扛，将一包包几十斤上百斤的矿棉板搬运出来，打开三处大门，梳理出三个作业区域，为接下来抢通工作打下了基础。每个人身上都沾满了淤泥。

许多员工干脆赤膊上阵。有的员工出现中暑症状，有的发起高烧，都简短休息后继续工作。大家没有一点怨言，只有一个共同的目标：争取让工厂早一点复工。

在大家的顽强攻坚下，矿棉板车间的"小山"一点点被铲平，可用的成品、半成品板被不断集中起来。经过检验，质量合格的矿棉板被重新码放整齐，等待发货。残破的产品被清理出去。作为绿色环保产品，它们破损后也能被100%回收，作为原材料开始下一个轮回的"重生"。

灾后第8天，矿棉板厂第一车产品成功发货，维护了作为央企在客户心中的信誉。

责任与坚守

洪灾后，矿棉板厂的很多员工不顾个人安危，返回基地参与救援和复工复产工作。因为积水开不了汽车，他们就骑自行车，甚至徒步蹚水赶来。有的员工家中也遭受了灾害，但依然返岗，展现了极高的责任感和奉献精神。

来自矿棉板车间的李秋月家住涿州市百尺竿镇小住驾村的深处，他家所在区域也是涿州市最早受灾的地方。8月1日，洪水涌入了他家的院子，水位高达1.5米。从家具到电器，屋内全部泡水。洪水退去后，家里满地狼藉。李秋月没有时间悲伤，和家人一起抓紧抢救清理。

在家里受灾如此严重的情况下，当李秋月收到基地号召员工返岗救灾的通知、看到了满目疮痍的矿棉板车间照片后，毅然放下收拾了一半的家，迅速归队，投入到清理和抢救矿棉板车间的工作中。浸过水的矿棉板，每一箱都有百余斤重。李秋月和其他救灾的同事一起，手抬肩扛，凭借着那股不服输的劲儿，一点点清理。晚上，他又马不停蹄地回到自己的家中，继续清理家里。这样的日子，他连轴转了一个月，全身长满了痱子，但从没喊过苦叫过累。

矿棉吸声板工艺技术员宋佳玮是涿州本地人。洪灾前，他刚装修完的新房就处于107国道附近。洪水暴发后，小区也被洪水入侵。虽然心中万分挂念，但他顾不上回家，一直坚守在基地。

洪水入侵后，他与同事一起迅速给车间断电，封堵各扇大门，将重要物资、实验仪器及电脑机箱等存储设备转移至矿棉车间办公楼二楼，随后才撤回临时宿舍。当天晚上，生活区水位已到膝盖，他又和同事一起协助综合管理部将食堂冷库中储存的物资转移至食堂二楼。第二天清晨，在员工转移的时候，他再一次选择了留下。

在洪水慢慢退去后，宋佳玮和留守基地的其他同事，率先蹚水进入矿棉板车间，在坍塌的货物中前行，清点大致损失和商讨抢救方案。在后续的工作中，他又协助基地清淤除泥、协助龙骨车间清理现场、疏通矿棉板北大门通道等，一直奋战在第一线。在抢救成品过程中，由于潮湿环境以及水质的污染，很多员工身上都起了红疹，他也不例外，发现后也仅仅是简单地擦洗了一下，换了一身工作服便又投入到抢救工作中。

洪灾后，矿棉板订单压力较大，宋佳玮又加入成品分拣和检验发货的工作组中，制订标准、分选、搬运、统计，甚至装车搬包，哪里需要他，他就去哪里，保证了矿棉板在灾后最短时间内完成发货。

矿棉板车间发货员兼叉车司机孙秀瑞，洪灾后从邢台赶回基地。救灾工作初期，设备不足，仅有的几台叉车不能满足繁重的工作需求。孙秀瑞在烈日下泥泞的道路上一趟接一趟地叉运货物，将其分类放置。半天的时间，他便由于高强度的劳动负荷出现了呕吐症状。但漱了漱口、服用了必要的药品后，他又回到了工作岗位中，继续开着叉车分拣货物。

成功复产

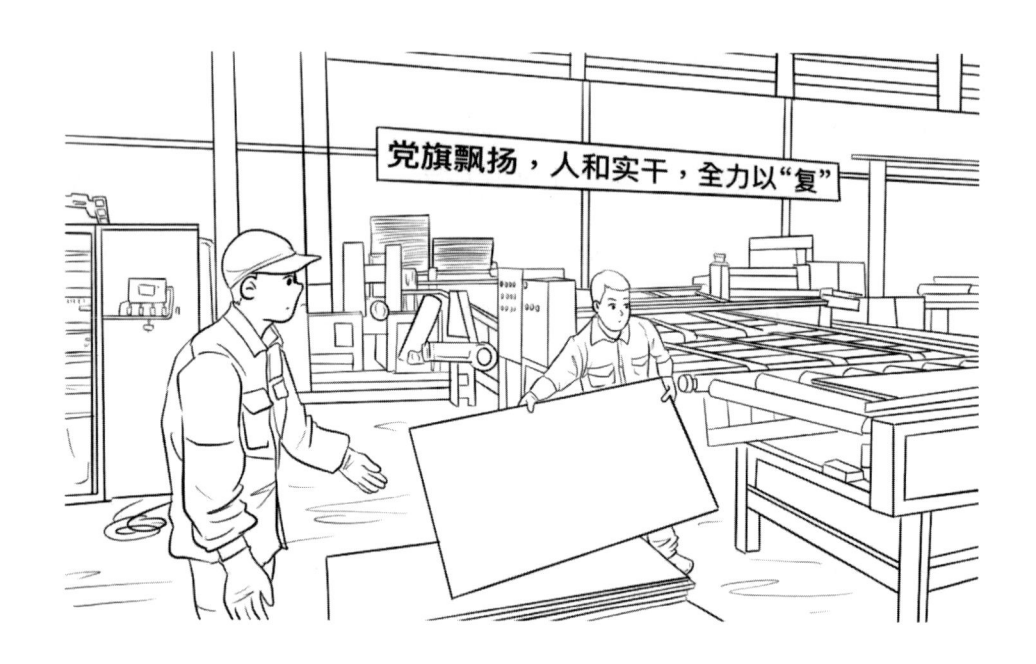

8月25日,矿棉板厂精加工三线、广州线正式恢复生产。矿棉板厂在停产二十余天后,终于又听到了机器的运转声,开始忙碌起来。随后,原板生产线、精加工生产线也陆续恢复生产。灾后一个月,矿棉车间实现了全面复工复产。

这期间,抢通组通过手抬肩扛,抢救清理了160万平方米产品;机电组日夜赶工,拆装维修电机589台,维修大大小小百余台控制柜;对5000多个大窑轴承进行清洗、刷油等;清淤组清理厂区南侧、东侧、北侧道路,清铲车间地面约2万平方米。

产销量同比上升 5%

对于矿棉板生产而言，9 月的路是泥泞的，又是通向光明的。北京市行政副中心订单交单在即。矿棉板车间管理层星夜制订计划，经过仔细商讨，全体员工全月 12 小时两班运转。副总经理李国冉披甲上阵，带领白班组装设备、调配物料、协调人员、赶制订单；车间主任武高峰临危受命，带领夜班加工成品、搬包塑封。

为了防止夜里订单出错、产品质量出现问题，工艺技术员宋佳玮主动请缨上夜班，从上板到开榫到喷涂再到包装塑封，紧紧盯住每一个环节，严格把控产品质量关。星光不负赶路人，经过为期一个月的努力，订单顺利交付，赢得客户一致好评。

硕果累累的 9 月，矿棉板车间产销量同比上升 5%，完成了北京城市副中心订单的供货，保证了项目二期的顺利剪彩。

矿棉板厂用近一个月的拼搏，"劈山开路"打赢了抗洪救灾的硬仗。用靓丽的复产成绩维护了公司的信誉，给员工、公司、社会注入了强大的信心和动力。这段充满艰辛，交融着汗水、泪水和喜悦的岁月应该被永远铭记。

第四章
创新营销

下乡摆摊摆出了建材大集

"下乡摆摊"是北新建材加速向消费类建材制造服务商转型、推动"城市到县乡"的创新实践。通过这种形式把绿色优质建材产品带入百姓家中，增加老百姓对绿色新型建材的了解，也实实在在地帮助了受灾群众，为他们解难纾困，改善了他们的生活品质。

在2023年夏天的洪灾中，北新建材涿州基地作为受灾严重的企业，在洪灾发生后积极自救，一个月便全面实现复工复产，成为涿州市首批复产企业。

但是，在这次洪灾中，涿州市有超过200个村庄被淹。一些村民住房严重泡水，无法居住。加快推进房屋修缮工作，让灾区群众早日回家，温暖过冬，迫在眉睫。

在当地政府的支持下，龙牌公司以及涿州基地持续展现央企担当，快速投入灾后重建工作，深入县乡灾区一线，创造性地推出"下乡摆摊""建材大集"的服务创新方式，将绿色建材送至村民家门口，受到了当地政府和受灾群众的欢迎与好评。

摆出的建材大集

在涿州基地快速复产后，龙牌公司第一时间派工作人员深入灾区一线走访。看到那么多村庄被淹，房子被损毁，作为建材行业的央企，作为涿州市的一分子，所有干部员工都发自内心地希望能为受灾群众提供些实质性帮助。

考虑到灾区群众对于泡水建筑的修缮缺少经验，且出行不便，于是下乡摆摊的创意就这样诞生了。

9月5日开始，龙牌公司北方公司以及涿州基地的员工在受灾严重的西坛村、刁四村、码头镇设了4个摊点，对公司产品进行街头宣讲。村民们在摊位领取了代金券后，可以到龙牌公司设在涿州的几十家"放心店"以成本价选购建材。

这种"下乡摆摊"的形式受到了灾区老百姓的欢迎,随着来咨询的村民越来越多,也受到了涿州市政府的关注和认可。

9月10日,涿州市政府联合当地住建部门,参照摆摊的形式,开设了"建材大集",组织包括北新建材在内的当地多家知名建材企业、施工单位加入。受灾群众在现场填订货单后,企业第二天就将建材直接配送到群众家中,避免了老百姓来回奔波,节约了出行时间和部分材料的运费,还有效避免了不良商家哄抬价格的行为,最大程度惠及受灾群众,推进重建工作顺利开展。

北新建材的龙牌石膏板、轻钢龙骨、涂料、鲁班万能板、粉料砂浆、矿棉板、岩棉等用于灾后修缮的产品全部参加了这次活动。

"建材大集"的成功不仅得益于北新建材的主动承担和贡献,还离不开涿州市委、市政府相关部门的认可和支持。这样的合作为灾后重建工作注入了新的活力,为受灾群众提供了更多的选择和方便。

家门口的"国之大材"

后续,北新建材在涿州受灾较重的码头镇、清凉寺街道、桃园街道、刁窝镇等11个乡镇同时开展摆摊活动,设置了20余个摊位,以"最快"速度、"最低"价格把"最优"产品和服务送至村民身边。

在西坛村，北新建材的摊位一早便已经有村民在咨询，工作人员们耐心地回答各种问题，时不时有人被村民"领走"，去家中实地探查。他们根据房屋情况提出专业意见，为村民讲解产品、制订施工方案，帮他们测算费用等。

码头镇向阳一村村民李春海表示，此次洪涝灾害，住了30多年的老房严重受损，为此他准备盖一栋二层小楼。"我刚问了一下建材价格，比我的预算还少5万元左右，这趟没白来。"

"群众满意不满意是检验我们工作的第一标准。"龙牌公司的负责人在现场说，"这次我们以成本价把绿色低碳、节能环保、质美价优的产品和服务送到灾区一线，让老百姓在家门口就能买到和鸟巢、北京工人体育场等大工程一样高品质的产品，让他们免去后顾之忧，用得放心，切实得到实惠。"

看到村民咨询的热闹场面，刁窝镇刁四村党支部书记张克伟说，北新建材工作人员手把手地告诉村民如何修缮受损农房、提醒需要注意哪些细节，这种耐心细致的讲解也是一种心理疏导，特别是对于那些没有修缮房屋经验的百姓来说，北新建材给他们解决了后顾之忧。

在一个多月的摆摊活动中，涿州基地为受灾群众供应石膏板45318张、粉料88.93吨、涂料5125桶、轻钢龙骨17503根。

手捧真心　送您放心

前期，灾后重建业务突击队经过物资筹备、人员培训和走访受灾情况选定了摆摊地点。他们延续了涿州基地救灾和复产过程中每

天召开晨会和夕会的习惯。

每天，他们在晨会中确定一天的工作内容。盯摊、调拨物资、介绍产品、上门服务、提供解决方案。收摊后，召开夕会，复盘和总结当日工作，计划第二天的工作。

这次"下乡摆摊"活动中，所有参与员工手捧真心，让村民放心。一个多月的相处，村民也和摆摊的员工熟络起来。员工趁着摆摊空闲时，帮助村民清理淤泥，提供上门服务、修缮建议。村民自发给大家送水、送水果，还有小朋友把自己心爱的零食送来。担心天气热，大家扛不住，摊位周边的村民还拿出自家的电风扇，接上电源给大家降温。

"农村市场大有可为，能为他们服务我们由衷地高兴。"北新的一位工作人员从村民家中回来后开心地说。

近年来，北新建材积极响应国家乡村振兴战略，瞄准县乡市场，开展绿色建材下乡活动，参与美丽乡村建设。"下乡摆摊"正是公司加速向消费类建材制造服务商转型，推动"城市到县乡"的创新实践。通过这种形式把绿色优质建材产品带入百姓家中，增加老百姓对绿色新型建材的了解，也实实在在地帮助了受灾群众，为他们解难纾困，改善他们的生活品质。

一周焕新居

"感谢共产党,感谢政府,感谢北新建材!"坐在崭新的房屋内,北新建材援助的重灾户韩大爷发自肺腑的一句话,感动了很多人。北新建材用绿色科技和高品质建材产品服务灾区重建、服务人民美好生活,践行央企使命担当。

洪水退去后,作为在涿央企,北新建材一直关注灾后群众的房屋修缮问题。继"下乡摆摊"把优质产品送到村民家门口后,北新建材又联合金隅天坛家具,成立了焕新小分队,"以心焕新",为受灾严重的12个困难农户提供设计、材料、施工一体化样板农居装修服务,用绿色科技和高品质建材产品给灾后的村民生活带来崭新变化。

"灾后房屋维修事关群众利益,特别是受灾严重的农村地区和困难群众,一直是我们关注的重点。能够帮助灾区重建家园,我们义不容辞。北新建材把这项工作作为首要任务来抓,严格施工管理,保证工程质量和安全,用优质产品和服务帮助乡亲们早日返回家园。"北新建材在现场的负责人说。

北新建材在修缮工作中,全部用服务国家级重大工程同品质的产品和技术,为受灾农户量身定制装修方案。自带装饰面层的材料可以在最短时间修缮破损房屋,实现一周焕新。而针对这次受灾后墙体受潮返潮严重的情况,还单独设计了装配式的排湿通道和排湿隔墙,让受损房屋随时可以施工并尽快达到入住条件。修缮后的房屋,不但无毒无味,不需晾晒,同时还极具设计感,极大提升了美感和舒适度。

焕新小分队长期活跃在灾后的农村,与12个困难农户朝夕相处,帮助他们修缮房屋。而每一户房屋修缮焕新的背后,都有一个真实动人的故事。

感谢与陪伴

"又干净又暖和,就算在洪灾前,我也想不到能住在这样的房子里。"温暖的阳光洒进崭新的屋内,韩大爷笑呵呵地说。

当焕新小分队第一次来到位于涿州西坛村韩大爷家里时,这位独居老人正一个人清理院里的淤泥。韩大爷无配偶无子女,日常生活全靠老人的侄子和侄媳妇照顾。此次洪涝灾害让本就生活条件非常艰苦的老人雪上加霜,也使这座老院更残破不堪。

得知北新建材将为他免费修缮房屋,老人忧虑的脸上难掩激动和感激,赶忙从屋里拿出家里所剩不多的饮用水。

自此,韩大爷的小院天天人来人往。设计、运材料、装修……短短一周的时间,老屋就完全变了模样。韩大爷的脸上也有了笑容,他说,自己的小院好久都没有这么热闹过了,太开心了。

"感谢共产党,感谢政府,感谢北新建材!"2023年9月,当房子装修好后,老人发自肺腑的一句话,感动了很多人。

焕新小分队也因此和韩大爷结下了深厚的情谊。2023年的中秋节,大家一起到韩大爷家里,陪他过了一个特别的团圆节。

18岁的希望

在刁窝镇,乐观女孩句阳带着妈妈上大学的故事在当地口口相传，还登上了中央电视台新闻栏目。

句阳的妈妈胡月梅患有严重风湿病，腿部有残疾。她的女儿句阳也是一位残障人士。虽然听力受损，但是18岁的她阳光开朗，洪灾后积极参加抗洪救灾志愿服务。2023年，她考上了大学，准备带着妈妈一起北上黑龙江求学。

在这次洪灾中，本就生活困难的一家，房子又被严重损毁。当时，北新建材焕新小分队听到句阳和她妈妈的故事后，便把她们家列为了援助户，通过深入了解句阳家的情况，为她们量身定制了修缮方案，全部使用北新建材的绿色环保材料，还特别使用了可以发热的采暖板，保障她们可以温暖舒适过冬。

"这次洪灾让我经历了一个特殊的夏天，让我快速成长。感谢政府和爱心企业的援助，给了我一个全新的家，让我没有后顾之忧，在外也能安心。"句阳得知房屋修缮的消息后，特意从外地打来电话，表示感谢。

巷子口的目光

西坛村李大爷和李大妈是另一户援助对象，他们的子女患有精神疾病。虽然生活艰苦，但老两口却把家里收拾得井井有条。

焕新小分队每次去时，两位勤劳节俭的老人都在修修补补。装修过程中，他们总是想力所能及地帮着做点什么。

每天队员们离开时，李大爷和李大妈都会送到家门外，直到车

将要拐出巷子口，还能看到两位老人送别的身影。

在援助过程中，这样温暖的故事还有很多。在北新建材的援助下，在与焕新小分队的朝夕相处中，涿州的重灾户们不仅重建了家园，更重建了对生活的信心和对未来的憧憬。

在这场洪灾中，虽然大家角色有别，处境各异，却都因直面艰险而展现了相同的精神气质，也因守望相助，让爱与温暖不断传递。

让我们铭记这些温暖的故事，它们是涿州人民不屈不挠、勇往直前的见证，也是北新建材作为央企，勇担社会责任，服务人民美好生活的使命与担当。

手绘乡村新画卷

村庄的蜕变不仅仅是外在环境的改善，更是村民们心态的转变。从建材下乡到文化下乡，北新建材一直与所有灾区人民在一起，不仅用优质的绿色建材进行灾区重建，更希望搭建心灵的帐篷，把北新建材"绿色科技 品质生活"美好的理念传递。

秋日晴空，天蓝云白。

灾后两个月，位于涿州市洪灾重灾区的刁窝镇刁四村格外热闹。运输建材的车辆在村里穿梭，房屋修缮进行得如火如荼。街巷里的淤泥已经被清理干净，只有残留在墙壁上 2 米多深的水渍和污渍在时刻提醒大家，这里曾经的遭遇。

北新建材涿州基地与刁窝镇比邻而居。二十年的扎根相处，刁窝人有的成了北新人，北新人也有的成了刁窝人，早已分不了那么清楚。洪灾中，北新建材涿州基地与刁窝镇一起抗洪救灾；洪灾后，一起重建家园，开展了以"绿色科技、品质生活，共建美好家园"为主题的文化进村活动，希望以此帮助村民拾起重建家园的信心与勇气。

在灾区一线走访的北新建材员工们很早就注意到村庄墙壁上的污渍。等墙壁湿度符合绘画要求后，一场美化墙体的彩绘活动就这样开始了。

墙绘美好

一大早，刁四村的党支部书记就在村里的大喇叭里开始广播，通知村民们，北新建材的志愿者们已经来了，号召大家赶紧去参加活动。

村里的大街上，北新建材的员工们已经准备好五颜六色的龙牌漆。大家卷起袖子，忙着分组，粉刷墙壁。不一会儿，村民、周末在家的孩子、老师纷纷前来，加入了这场集体绘画活动。

在大家的画笔下，墙上残留两个多月的水渍、污渍被一点点掩盖，一张张新的画卷在墙壁上展开。

作品《携手共进》由北新建材领导和刁四村村干部、龙牌公司团队共同完成。"龙"字融合传统字样和纹样，"携手共进"四个大字遒劲有力；小朋友们还在字的旁边画上了色彩鲜艳的花朵，在阳光的映衬下，犹似风起而动。这幅集体创作的作品正是"携手共进"的象征，展现出风雨时刻，北新建材与涿州人民风雨共担、同心同向的力量。

《江南水乡》由北新涂料团队创作，以徽派建筑风景为主要内容，画面中的石桥被命名为刁四桥。整幅画寄托着对风调雨顺、祥和富足、幸福安康生活的美好寓意。员工家属创作的《荷花》，清丽典雅、荷茎长而坚韧，能够承受大风和水流的冲击，象征着坚韧和顽强，也代表着村民抵御逆境和困难的精神。篆刻作品《风雨同舟》取材于涿州市洪灾中北新建材和涿州当地人民在政府的支持和帮助下守望相助、众志成城的故事。

路过的村民们纷纷驻足观看，他们的眼中闪烁着惊喜和感动的光芒。

之前黯淡的墙壁逐渐染上缤纷的色彩，越来越多的人参与进来。此时的墙壁就像一块巨大的画板，承载着大家对未来的美好憧憬与希望：金色的麦田在红色的骄阳下随风翻滚，仿佛在诉说着丰收的希望；青山绿水间，美丽乡村的新画卷徐徐展开……

现场，生动丰富的彩绘、村民们热情洋溢地参与、孩子们活泼可爱的笑脸、村干部和北新团队的服务激情，无不展现这段难忘时光里同心同向的力量。

快乐会传染

活动中，最灿烂的是村里孩子们的笑脸。洪水虽曾一度吞噬了他们的家园，但并未夺走他们的快乐。墙体彩绘活动为孩子们搭建起了一个充满欢乐与梦想的空间。各种充满童趣和想象力的动画人物和小动物也画上了墙壁。

孩子们在这条绘画长廊中尽情奔跑，那份无忧无虑的童真、此起彼伏的笑声似乎会传染，所有人的脸上都洋溢着笑容。

一个正在用龙牌漆认真画着花朵的小男孩说:"今天是我最快乐的一天,因为大家都笑了,我们的村庄也变得不一样了。"

村里的大爷大妈们坐在小板凳或者他们骑来的小三轮上,边看边唠着家常。附近的村民们给大家送来茶水,还有的搬来桌椅板凳,方便大家休息……

还有一个身穿红色衣服的小女孩,背着大大的书包,挨个给大家发饮料。当对她表示感谢时,她扬起红红的小脸蛋,大声地说道:"我妈妈说最应该感谢的是你们,是你们让我们的家变得越来越漂亮,让我们的生活变美好!"

最美的风景自己绘就

人生的风景在游走，但是最美的风景需要自己绘就。

当阳光变为金色，刁四村的大街也披上了她最靓丽的新衣。村民们与北新建材的员工们围坐在一起，分享着重建的喜悦与未来的规划。愉悦的气氛在蔓延，这条街的这个瞬间也成就了最动人和美好的风景。

"最近正在忙着修房子，这次要修得更漂亮。出了家门口，又看到这么好看的大街，心情特别好。"一位村民说。

灾后，村庄的蜕变不仅仅是外在环境的改善，更是村民们心态的转变。经历过那样一个波涛汹涌的夏天，所有人从最初的迷茫和悲观，到如今的乐观与自信，虽然各自的人生不同，大家却有着同样的期待——把日子过得更红火。

从建材下乡到文化下乡，北新建材一直与所有灾区人民在一起，不仅用优质的绿色建材进行灾区重建，更希望搭建心灵的帐篷，把北新建材"绿色科技 品质生活"美好的理念传递。

大街上，人来人往，笑声在继续。大家走在感动中，走在希望里，走在美好中，总之是向着更好的日子奔去……

村头的"人和"大联欢

中国的老百姓常说，人和万事兴！源自北新建材"人和"文化的"人和"音乐会走进涿州灾区，用歌声与微笑连接起北新人和涿州人。我们把乡亲们看作北新人，乡亲们把我们视为涿州人，路越走越熟、人也越走越亲。

2023年10月，灾后的刁窝镇刁四村，一场特殊的"村晚"吸引了十里八乡的乡亲们前来观看，也让这座村庄久违地欢腾起来。

时间倒回到10月初。涿州受灾的村庄在政府的统一安排下，正在按部就班地加紧修缮和重建房屋，这场惊涛骇浪似乎慢慢归于平静。但是同样受灾的北新人知道，这种平静少了些往日的生机，精神家园的重振也迫在眉睫。

北新建材党委和工会经过研究，决定把北新建材的"人和"音乐会办到灾区，把欢乐和歌声送到最需要的地方，为灾区群众重建美好新家园再添把力！

于是，一场特殊的"村晚"——北新建材"人和"音乐会刁窝镇站，在龙牌公司和刁窝镇政府的组织下快速启动。作为北新建材"文化进村"系列活动之一，让我们惊喜的是，这场欢聚不仅收获了与灾区百姓的深厚情谊，也意外收获了良好的品牌和产品营销效果。

热情的乡亲们

北新建材"人和"音乐会起始于30年前北新西三旗"大板厂"户外音乐会，那是一代代北新人的美好回忆。最开始是北新员工的厂内大联欢，慢慢地我们的经销商、同行、员工家属都加入进来，和我们一起欢聚歌唱，共享欢乐时光。

这次音乐会走进刁窝镇，就像在平静的湖面扔下了一粒石子，水波慢慢地一圈圈扩散。快乐的因子一点点浮出水面，激荡出更多的涟漪。

出乎我们的预料，刁窝镇的群众反响很热烈。各个村庄的唱歌能手、舞蹈队、戏曲和武术爱好者等都纷纷报名，还有我们在涿州的经销商们带着家属，也前来报名。

这次演出似乎成了一个契机，憋在大家心里的低落情绪似乎有了一个宣泄的出口，有了一个快乐的目标——大家都想尽快恢复以往的生活。

面对大家的热情，这"幸福的烦恼"可愁坏了负责音乐会统筹和节目遴选的同事们。一遍遍遴选，一遍遍排练，一遍遍解释，尽可能地为大家争取和安排演出的机会。

这次的演出定在刁窝镇刁四村。舞台搭建期间，这里就成为了关注的焦点。乡亲们从一开始好奇地问我们是哪儿的人，在干什么，到后来主动帮着介绍，"他们是北新建材的，龙牌，在咱们涿州有工厂，过几天这儿有演出"。

他们没事就来溜达一圈，不用招呼，就主动帮着清理现场、搬运设备和物资、搭建舞台。看我们的同事喝冷的矿泉水，大爷大妈们就主动一壶一壶地送热水；看我们的同事在现场吃盒饭，心疼地非要拉到家里去吃。村里的孩子放学后就来这"报到"，每天舞台的一点点变化都能引起他们的好奇。他们嬉闹的笑声，在傍晚的村庄飘荡……

日子一天天过去，舞台的灯光逐渐闪亮，大家有条不紊地准备，期待感逐渐拉满。

歌声与微笑

没有华丽的舞台和专业的歌手，这里是北新建材员工和刁窝镇乡亲们自导自演的"村晚"，一场充满乡情乡味、真情实感的大联欢。精彩的节目、本色的演出、创新的形式，吸引了十里八乡近700人前来观看。

演出前，涿州基地的员工、经销商、村民不约而同地都带着鲜花来相聚。大家都有想表达的情谊、想感谢的人。赠人玫瑰，手有余香。沁人的花香就在这个别样的团圆秋夜弥漫。

演出在经销商孩子激情澎湃的架子鼓表演中拉开帷幕。刁四村夕阳红舞蹈队带来精彩的腰鼓表演，精英武馆的武术表演引得现场阵阵叫好声。乡亲们带来的京剧、河北梆子等戏曲节目更是点燃了现场村民的热情，掌声不断。

涿州基地的员工们也轮番登场：龙牌公司河北大区员工的合唱《阳光总在风雨后》，给大家带来建设美好家园的信心和勇气；歌曲《腾飞的龙》唱出龙牌的品牌自信与文化自信；"新"二代诗朗诵《读中国》，意气风发，声情并茂，字字饱含着年轻一代对祖国的热爱与深情。

其间，还有互动抽奖环节，现场热烈的气氛一次次被点燃。

台下的观众们欢声笑语、其乐融融，大家争相拍照、录视频，记录下一个个美好瞬间。

路越走越熟　人越走越亲

音乐会上，北新建材向刁窝镇捐赠了公司员工以涿州洪灾为主题的书画和篆刻作品。刁四村向北新建材赠送锦旗，表达了深深的感谢。

"灾后重建不仅是房屋的重建，还有'心'的重建，对未来生活的积极态度与信心。"北新建材领导说："三个月前，我们与刁窝镇村民、经销商团结在一起抗洪救灾，今天大家又一起大联欢，用歌声凝心聚力，为美丽乡村建设加油。路越走越熟，人越走越亲，我们早已是一家人。未来，北新建材也将义不容辞，与刁窝镇携手共进，一起打拼。"

演出现场，村民热络地和我们身穿北新建材龙牌文化衫的同事打招呼。我们的同事抱起村民的孩子，一起看演出。一张张久违的笑脸和响亮的笑声是那么的具有感染力。

秋意渐浓，夜微凉，但汩汩暖流在现场流淌。修复、愈合、再生、创新，生活的细节在一点点丰盈，生机与活力也在这里慢慢蓬勃展开。

人和万事兴

在现场，另一个让我们有些意外的情况是，舞台一侧，我们下乡摆摊的服务摊位前，不断有村民前来问询。当晚共有37户家庭现场签订了购买协议，包括石膏板、龙骨、粉料、涂料等，总金额近20万元。

近年来，公司正在加速向消费类建材制造服务商转型，以前我们和经销商打交道多，和消费者打交道少；服务大的工程项目多，服务家装的项目相对少些。如何打动消费者，是新的挑战。

涿州抗洪和重建期间，从绿色建材下乡、文化下乡，到这次一起办音乐会，我们发现北新建材的名字被越来越多人熟知，我们的品牌龙牌也常常被村民提起。没有扯着嗓子宣传，我们用富有真情的服务让北新建材慢慢走进了消费者的心里，取得了良好的营销效果。

演出当晚，大家一起唱，一起跳，一起玩游戏，欢声笑语，其

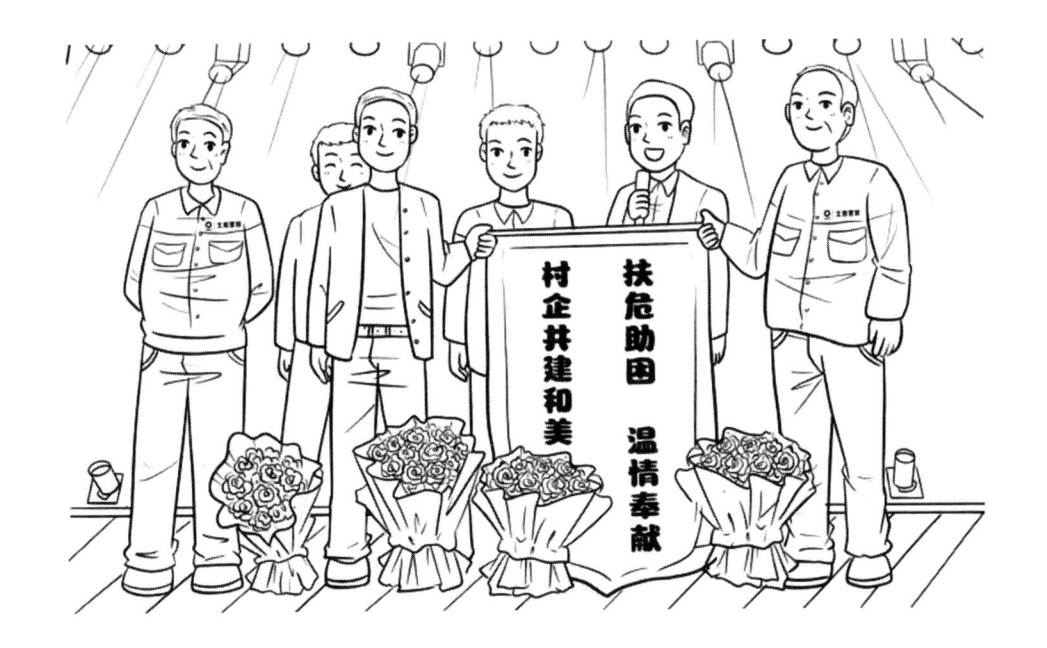

乐融融。经历风雨后，这样的美好时刻尤其感人！一位拍视频的村民说："我要把节目录下来，发给我外地的女儿看看，让她更放心。"现场签订购买协议的大姐说："用你们的产品，我们放心。"

一句"放心"，是源自内心的踏实，是对我们央企品牌的信任。灾后几个月来，我们与灾区人民同风雨、共患难，同欢乐、共感动，情感通了，走得近了，互相信任，越来越亲。

北新人常说，人和心聚，心聚则人聚，人聚则企兴。老百姓常说，人和万事兴！是的，人和，人兴，生活兴，品牌兴，企业兴，一切都会好起来！

墨香润民心

每一件作品都传递着灾后重建的坚定勇气和信心，倾注着北新人对涿州人民的美好祝福。无论何时何地，北新人都与灾区人民同在，用行动诠释"风雨同舟"的深刻内涵，一起共建美好未来。

八月守望相助战洪灾、九月建材大集助重建、十月墙体彩绘向未来……一场突如其来的洪水，不仅考验着这座城市，也见证了北新建材与涿州市风雨同舟、携手前行的一幕幕。

北新建材的干部员工以涿州抗洪为主题创作了一系列作品，作为北新建材"文化进村"的系列活动之一，赠送给涿州市刁窝镇，记录这段同心同向、众志成城的日子。

村党支部书记的诗鼓舞人心

"苏芮驭雨天泄浪，冀中平原破堤防。惊魂未定惶恐夜，溢狂横扫我家乡。忠诚士卒残萧地，单随龙腾党旗红。平易近民济沧海，勇夫识义挽狂澜。众莫之解无长策，智者怀仁九万里！"这是涿州市刁窝镇刁四村党支部书记张克伟，在带领村民经历数日艰苦奋战、成功抵御百年不遇洪灾后，倾注深情，写下的感人肺腑的诗句。这些诗句不仅激励了抗洪救灾的士气，也为村民的心灵带来了慰藉。

"真是震撼人心！我必须把这份情感记录下来。"龙牌涂料枣庄分公司的许浩，在听了刁四村的抗洪故事，读了张克伟书记的诗句后，感动得热泪盈眶。他被诗句中的力量和情感深深触动，当晚便提笔挥毫，反复练习，一遍又一遍地书写，直至完成了一幅饱含敬意和情感的书法作品。

墨香里的守望相助

"手足相抵,同担悲苦,微光汇聚,风雨同舟。"创新研究院任有欢以短短16字的精炼语句,深情表达了对灾区人民的慰问和支持。这不仅是对北新建材与刁窝镇人民在洪灾中展现团结精神的赞颂,也寄托了对未来美好生活的共同憧憬。

他说:"我的笔墨虽小,却承载着对灾区人民的深情厚谊,传递着守望相助、共克时艰的精神。希望我的作品像一束微光,照亮灾区人民的心灵,给予他们重建家园的信心和力量。"

篆刻中的风雨同舟

党群工作部(党委宣传部)的边健作为公司宣传战线的排头兵,主动请缨!她多年来对篆刻艺术有着浓厚的兴趣,在得知公司要捐赠篆刻作品时,她立刻想到了"风雨同舟"这个主题。

她希望通过自己的篆刻作品,传递出在逆境中大家心手相连、并肩作战的坚定信念。她精心挑选了一块质地细腻的石材,经过精心构思与雕琢,终于完成了这件充满力量与情感的艺术品。

篆刻中的每一个线条都饱含着她对灾区人民的深情和对企业文化的认同。她将其捐赠给刁窝镇,寄托着一个美好的愿景:愿这份艺术的力量能够激励每一位受灾群众,激发他们重建家园的勇气与决心，共同渡过难关，迎接风雨后的彩虹。

画笔下的美丽乡村

北新防水（安徽）有限公司的晋兵青酷爱国画。他擅长用画笔捕捉生活中的美好瞬间。他收到活动通知后，决定捐赠一幅描绘刁窝镇灾后重建的美丽乡村画作。他巧妙地运用光影和色彩，倾注了人文情怀来创作重建后刁窝镇的自然风光，这幅画寓意了坚韧与重生。画中的每一笔都饱含深情，每一抹色彩都充满力量。他说，这幅画既表达了对刁窝镇人民不屈不挠精神的敬意，又为北新建材在灾后重建中所扮演的角色而自豪。

剪出来的梅兰竹菊

龙牌涂料枣庄分公司的赵艳红满怀激情，连夜创作了一幅《梅兰竹菊》剪纸作品，第二天一大早就邮寄出去。她说，"梅兰竹菊"作为"四君子"，象征着不屈不挠、高尚纯洁、坚定刚毅和超然脱俗的品格。这些品质与刁窝镇人民在面对灾难时所展现的坚韧不拔、高尚自强的精神相得益彰。希望大家在重建家园的道路上继续发扬"四君子"的精神，共同迎接更加美好的未来。

准时送到的爱心使者

灾后，北新建材"人和"音乐会走进了刁窝镇，与村民共联欢。音乐会上将举办抗洪主题作品赠送仪式。

"一定准时送到！"时间紧迫，一接到给涿州市刁窝镇送艺术作品的任务，北新建材党群工作部（党委宣传部）常虹便迅速行动起来。

她马不停蹄开始发通知、收快递、装裱作品、联系车辆，连续奋战了3天，每天都忙到深夜。其间，她打了上百个电话，跑了十几趟快递站取件，最终把作品全部收集全。因为天气恶劣、路途远，她经过数小时的沟通，终于找到愿意送货的司机。又担心装裱的作品在路上因颠簸受损，她坐在后车厢内，一路扶着作品，终于在音乐会举办前送达。"这可是北新人对灾区人民的深情厚谊，必须完成任务。"她坚定地说。

这就是充满才华又朴实可爱的北新人！每一幅作品、每一行诗句、每一幅画作、每一件剪纸，都传递了灾后重建的坚定勇气和信心，饱含了北新人对涿州人民的美好祝福。无论何时何地，北新人都与灾区人民同在，用行动诠释"风雨同舟"的深刻内涵，一起共建未来。

千里不为远，山海心相连

因为自己淋过雨，所以更想为别人撑把伞，把温暖传递。1500多公里长途跋涉、30多个小时的风雪无阻，北新建材龙牌公司与涿州市刁窝镇刁四村，千里驰援青海地震灾区，将所有北新人的关爱和支持带给灾区人民。

2023年12月30日，中央电视台《新闻调查》栏目推出《震后河沿村》的报道，而这正是北新建材在甘肃省积石山县6.2级地震发生后千里驰援的村庄。

2023年12月18日，甘肃省积石山县发生6.2级地震，邻近的青海省海东市民和回族土族自治县等地也受灾严重，大量房屋倒塌，物资严重短缺，灾区的同胞们面临着前所未有的困境。

看着来自灾区的画面和图片，北新建材龙牌公司的干部员工们都心情沉重。就在几个月前的8月初，龙牌公司下属的涿州分公司在百年一遇的洪灾中损失严重。在龙牌公司以及涿州基地员工的顽强自救、北新建材和社会各方的大力驰援下，涿州基地灾后一个月就全面复产。

正是因为自己淋过雨，所以也想为别人撑把伞，把温暖传递。

在龙牌公司商讨能为灾区做些什么时，涿州洪灾重灾区刁四村也为此事打来电话。大家支援灾区的想法一致，于是决定联合成立一支驰援小队，奔赴受灾的青海省海东市民和回族土族自治县，为灾区人民送去应急帐篷等急缺物资。

12月25日凌晨，驰援小队出发。一队同行的，还有前往灾区采访的中央电视台《新闻调查》栏目组，他们一路跟拍，直至驰援小队把物资顺利移交给灾区。

千山不为远

12月24日晚上，接到出发指令的驰援小队立即行动。夜幕降临，驰援小队的成员们却顾不上休息，他们连夜清点着每一件物资，确保每一顶帐篷、每一件棉衣、每一份食品都能在灾区发挥最大的作用。

25日凌晨，天还未亮，载满物资的车辆就已出发，开始了这段1500多公里的千里驰援。

龙牌公司的员工梁伊海和王文博是这支队伍中的核心成员。梁伊海回忆起出发的那一刻。"出发时，我们的心里只有一个念头——尽快到达灾区。"他的声音中充满了坚定与急切，"我们知道，对灾区群众来说，每一分钟都可能是生与死的差别。"

时值严冬，地震灾区持续低温，夜里更是在零下15摄氏度左右。因此他们此次驰援携带的主要是急需的帐篷、棉被、电热毯等保暖物资。

路途遥远，他们日夜兼程，人歇车不歇，轮流驾驶，确保车辆始终在安全前进。他们各司其职，只为一个目标——尽快赶到灾区。

沿途的风景在变换，但车内的景象却始终如一。没时间吃饭，他们就泡上一碗方便面；为了不耽误行程，又要避免疲劳驾驶，座位变成了临时的床铺，换班下来的司机就在一旁休息；时值隆冬，西北地区冰雪覆盖，车窗上的霜花成了他们唯一的夜景。队员们都没有退缩，他们一路上互相提醒叮嘱，克服了沿途路况差、余震不断、食物紧张等困难，带着希望和温暖驶向灾区。

河北—山西—陕西—宁夏—甘肃……他们距离灾区越来越近。

在漫长的 30 多个小时行程中，驰援小队的车辆就像是一匹不知疲倦的战马，一路向前。

山海永相连

12 月 26 日下午 2 点，驰援小队终于抵达了青海灾区河沿村。

河沿村距离震中大约 5 公里，隔着一条黄河，对面就是甘肃省积石山县，村里大部分房屋受损。这里属于高海拔区域，严冬中，白天出太阳时气温只有五六度，到了夜里则会下降到零下十多度，村民们迫切需要能够挡风的棉帐篷。

灾区满目疮痍的景象让大家瞬间回想起几个月前，涿州洪灾后的情景。队员们迅速投入到物资分发的工作中，他们深知，早一点发下去，灾区的群众就能早一点暖和起来。

一位老大爷听说大家是从北京和河北过来的，接过棉被时，眼中噙着泪水说："谢谢你们，从那么远的地方来帮助我们。"对于驰援小队来说，这些感谢的话，几个月前，他们曾经对很多人说过。如今听到，每个人心里都充满感动。天气虽然寒冷，但大家的心里都暖融融的。

梁伊海感慨道："看到灾区群众的坚强和乐观，我们都很受触动。这次我们不仅带来了物资，更带来了所有北新人的关爱和支持。"

这次驰援行动，不仅体现了北新建材作为央企勇担社会责任的初心使命，也展示了北新人的大爱无疆。北新建材用实际行动诠释了"一方有难，八方支援"的大爱情怀，与灾区人民同舟共济，共渡难关。

在返程的路上，还有许多援助的车辆从全国各地驶向灾区。它们如同一条条温暖的河流，汇聚成一股强大的暖流，为灾区带来了希望。

第五章
转型发展

加快"四个转变",彰显央企担当

涿州洪灾后,涿州基地转危为机,以创新营销用心用情服务灾区重建和群众的美好生活,成为北新建材加快推动"四个转变"的先行区。北新建材也以此为突破口,加快转型步伐,推动绿色优质建材产品"飞入寻常百姓家"。

作为全球最大的石膏板龙骨产业集团，北新建材46年来一直服务国家建设和发展，获得国家建筑工程装饰奖的建筑90%以上使用了北新建材绿色产品。

近年来，随着消费升级，北新建材也顺应市场趋势，加速向消费类建材制造服务商转型，推动"从公装到家装、从城市到县乡、从基材到面材、从产品到服务"四个转变。

涿州洪灾后，涿州基地转危为机，以创新营销用心用情服务灾区重建和群众的美好生活，成为北新建材加快推动"四个转变"的先行区。北新建材也以此为突破口，加快转型步伐，推动绿色优质建材产品"飞入寻常百姓家"。

开拓"从公装到家装"新路径

相较于在公装领域独占鳌头多年，在家装领域，北新建材既是一名老兵，又是一名新秀。近年来，基于家装行业新的市场需求和痛点，北新建材积极转型升级，加强研发和宣传推广，提升产品竞争力。

在涿州灾区重建过程中，北新建材用石膏板、鲁班万能板、轻钢龙骨、涂料等优质产品服务灾区群众。针对灾后群众受损民居的修缮和家装需求，下乡摆摊、参加建材大集，把用在国家级工程上的优质产品送到村民家门口。还免费为受灾严重的困难农户修缮房屋，并根据他们的需求提供定制化解决方案，提升村民生活品质。

这些举措获得了当地政府和群众的肯定和赞扬。

以此为契机，北新建材定期回访灾区群众，考察调研当地家装市场，总结成功经验，研发绿色家居产品，优化生产工艺，并针对家装市场开展营销服务，据统计，灾后产品在涿州的市占率达到90%。

同时，北新建材积极塑造"国货自信"品牌形象，创新举办"印记北京中轴线"、钟鼓楼"双龙会"、黄龙溪龙舟会、泰山高质量发展盛会、北新涂料东方意境美学涂料新品发布会等品牌文化活动，推出"国之大者""印象泰山"石膏板、"城墙红"防水卷材、"北京中轴线"色系涂料等系列国货潮品，讲好国货潮品背后的文化故事，增强消费者的认同感与自豪感。

强化数字化赋能，定期汇总各板块家装领域推广数据与案例，采集、分析C端用户数据，组织新媒体多渠道传播，持续扩大公司品牌在家装市场的影响力。北新建材连续15年上榜"中国500最具价值品牌"，2024年品牌价值再创新高，达1185.96亿元，位列"中国500最具价值品牌"第70位，再次蝉联亚洲建材品牌三强。

点燃"从城市到县乡"新引擎

近年来，县乡市场已成为拉动国内消费增长的新动能，乡村市场销售增速已经快于城市。北新建材精准把握县乡市场消费需求，用绿色建材和优质服务探索乡村振兴新路径，助力美丽乡村建设。

北新建材密切关注灾后重建市场，在涿州市场率先实施"好材料适配好房子/新农村""以旧换新"等政策，发挥行业引领优势，研发家装系列产品，提供旧改工程全屋系统解决方案，推进民建产品布局，家装销量大幅增长。

在涿州、福州开展全产品协同试点，在市场一线的工厂店、总部店、"精彩在县"店、专卖店推广全产品文创进店，提高公司在县乡市场知名度。在县乡市场举办推广会、品宣会，与地方政府及文旅部门合作，收集市场反馈，优化产品与服务。聚焦产品需求，针对百姓常见痛点问题，提供"布局优化、专业维护、快速翻新、即刻入住"等全方位服务生态链和一站式解决方案，打造石膏板、轻钢龙骨、防水材料、涂料等绿色建材产品一体化服务体系，全国覆盖县乡渠道超4000家，为人民美好生活提供支撑。

创新"从基材到面材"新场景

在援助涿州困难农户过程中，北新建材生产的面材类产品被大量使用。集装饰与功能性于一体的鲁能万能板等产品不用晾昧，即装即住，受到老百姓的欢迎。

针对面材产品，北新建材不断加强创新能力建设，打造"极致性价比"，以工厂化和装配式实现成本优化，通过痛点解决、功能增加提升客户体验，推动材料饰面化、功能化和差异化，形成"好睡眠"静音、抑菌防霉、释放负氧离子、热敏可变饰面、可变功能空间等可定制功能，努力打造大功能、小开支、快交付、零打扰、高保障、全周期的空间定制产品体系。

提高柔性定制能力，以规模化流程式生产为基础，延展为可并线生产多种不同功能的产品线，如 PET、PP、PAP 覆膜、UV 涂覆、数码 3D 打印、采暖等功能性复合等，实现饰面深加工个性化小批量、多功能定制化、无缝衔接无布头的柔性生产，进一步提升效率、优化成本，更好满足零散化的 C 端定制需求。

深化与艺术家、设计师及知名品牌合作，推出联名产品，提升附加值，改变原有"基材"产品的定位和形象，提高产品影响力。

打造"从产品到服务"新模式

北新建材积极打造"从产品到服务"新模式，服务上全面提升，聚焦后房地产时代，紧盯城市更新、修缮业务、工业建筑、民建市场四大赛道，精准实施"业务终端化、系统化，渠道效率化、生态化，推广精准化、线上化，模式网络化、数字化"转型，加快北新建材电商平台系统建设，以高水平数字化转型成果赋能服务提升。

总结北新建材直播 PK 大赛成功经验，充分利用新零售电商发展机遇，协同嘉宝莉现有电商平台，拓宽 C 端宣传力度、销售渠道，提升线上线下销售能力与消费者认知。打造电商专业团队，通过内部培养、外部引进方式，形成专业运营团队，建立健全考核机制，以提升电子商务运营水平与服务能力。

未来，北新建材将面向经济主战场，聚焦人民对美好生活的向往，坚定信心、抢抓机遇、乘势而上，加快推进"四个转变"，加速向消费类建材服务商转型，加快培育新质生产力，全力推进北新建材高质量发展实现新突破、迈上新台阶！

回访记：用好材料适配新农村

涿州洪灾后时隔一年，北新建材携手合作伙伴到涿州进行回访调研。变化令人欣喜，县乡市场一片生机。北新建材也提出"好材料适配新农村"的口号，深入推进以县城为重要载体的城镇化建设，把"好材料"送到村民身边，助力百姓打造"好房子"。

2023年8月，涿州因洪灾受损严重。北新建材在涿州摆"建材大集"、办村企音乐会，提振百姓重建家园的信心；农居焕新小分队创新服务，联合金隅天坛家具公司，用龙牌石膏板、轻钢龙骨、鲁班万能板、龙牌漆、粉料砂浆，金隅天坛家具公司的门窗、地板等产品和一体化装修方案为受灾严重的12户困难家庭免费修缮房屋、提供援建材料，短短一周焕新即住。

2024年8月，涿州新农村建设进行得如火如荼。北新建材携手金隅天坛家具公司、国标建科，一年后再次踏上了这片土地，回访农户住房需求，考察调研县乡市场。

产品如新　援建户回访

回访团第一站来到了位于西坛村的独居老人韩大爷家里。"我这一切都好，能过上这样的日子，我很知足！"韩大爷坐在明亮整洁的家里与回访团唠着家常，谈着过去一年他在这座修缮一新的房子里的居住体验。面对大家的关心，大爷脸上写满了笑意与满足。

历时一年，韩大爷家里早已不是墙面剥落、地面泥泞的景象。墙壁上的鲁班万能板和龙牌漆依旧光亮如新，没有任何变形或返潮情况；家具保持得像新的一样，每一处细节都透露着精心打磨的匠心服务，彰显着绿色科技力量及建材产品的优质高标。

焕新小分队成员梁伊海因调任公司东北省区，特意通过视频与韩大爷交流，大爷亲切呼唤他"梁子"，让在场人员心头暖流涌动。

"你们有空的时候常回来看看！"韩大爷边说边不舍地将大家送出门。焕新小分队与韩大爷结下了深厚的情谊，2024年他们也延续了这份温暖，和韩大爷共度中秋佳节。

回访团的第二站来到了带着妈妈上大学的残疾女孩句阳家里。涿州洪灾中，北新建材和金隅天坛家具公司帮助句阳修缮了家，并根据她和母亲的实际需求增加了室内卫生间和助残设施，极大提升了她们的生活品质。如今，句阳带着妈妈一起追逐梦想，母女俩脸上都绽放着笑容，眼中也闪烁着对未来的美好期冀。

走进房间，由北新建材龙牌石膏板、采暖板、鲁班万能板、轻钢龙骨、涂料等材料构筑的居住空间崭新如初；金隅天坛家具公司提供的沙发、茶几等家具依旧光亮，静静守护着这个温暖的小家。

句阳向北新建材和金隅天坛家具公司赠送了锦旗。"感谢政府和北新建材、金隅天坛家具公司这些爱心企业的援助,给了我一个全新的家。未来,我也想帮助更多的人,为国家和社会作出更多的贡献。"句阳认真地说道。

后续,北新建材和金隅天坛家具公司将持续关注这些受援助重灾户的生活状况和需求,做好服务工作。

多方联动　筑梦新居

北新建材、金隅天坛家具公司、国标建科一行就新农村好房子建设与更新开展实地调研,参观了刁四村砖混结构、钢结构、复合聚苯墙体结构等不同类型的民居以及已建农村样板示范房屋,纷纷感叹随着乡村振兴战略的深入实施,农村民居建筑对高质量建材和家居产品的巨大需求和消费潜力。

参观结束后,他们一行与当地村民、施工方、北新市场技术服务团队代表就灾后重建县乡市场需求和现存问题进行座谈交流。

北新建材领导表示,此次回访涿州感受颇深,看到北新建材涿州基地迎来新机遇,"好材料适配新农村"试点及第一家北新雨燕工坊落地涿州,还有刁四村焕发的新面貌,心里非常高兴。未来,北新建材将坚持"质量上上、价格中上、服务至上"的理念,用高品质的产品及服务助力乡村建设,同时携手金隅天坛家具公司、国标建科勇担社会责任、做好联动、扎根乡村,共同开创乡村振兴的美好未来,让老百姓住上"好房子"。

金隅天坛家具公司领导表示，在抗洪救灾的考验中，金隅天坛家具公司作为国有企业责无旁贷，做到了积极援建灾区，帮助受灾家庭在最短的时间里重建家园；同时，变灾难为挑战和机遇，发挥绿色家居全产业链业务优势，以整装为抓手，联合旗下成品、定制家具品牌，与北新建材一起，将抗洪救灾的成果转化为推动新农村建设的强大动力。

刁窝镇刁四村党支部书记表示，围绕把房子建好、把村容村貌规划好的目标，希望与北新建材、金隅天坛家具公司、国标建科一起，做好协同配合和规划支撑，吸引更多人来到刁四村，给村里带来更多"人气"。

"北新建材的涂料产品我用着就是好，而且是大品牌有保障。用料足、还环保，货真价实，住着踏实安心。"刁四村村民赵凤秋站在自家房子前说。走进他还在建的房子里，龙牌涂料的涂料桶随处可见。

用好材料适配新农村

北新建材自成立以来，始终坚持以人民为中心，积极履行社会责任，彰显国资央企责任担当，以高质量的产品服务人民美好生活。先后援建抗疫项目，参与房山洪灾、河南洪灾灾后重建和物资援助等；涿州洪灾中，在自救复产的艰难时刻，积极响应政府号召，提出"建材大集"方案，在受灾严重的村镇摆摊，设置几十家放心店，以"最快"速度、"最低"价格把"最优"产品和服务送至村民身边。

如今，我国居民的家居消费逐渐转向绿色型、智能型和个性化，消费品质明显提升。北新建材初心不变，提出"用好材料适配新农村"的口号，深入推进以县城为重要载体的城镇化建设，创新"从公装到家装、从城市到县乡、从基材到面材、从产品到服务"四个转变服务模式。同时，着力打造涿州第一家"工厂店"，通过优化完善石膏板、防水材料、涂料产品组合解决方案，加大绿色家居产品研发力度，强化绿色家居产品质量提升和品牌建设，推动"从城市到县乡"的转变落地，把"好材料"送到村民身边，助力百姓打造"好房子"。

未来，北新建材将携手金隅天坛家具公司、国标建科等企业，继续发挥各自优势，积极履行社会责任，用品质国货和温馨服务锻造民族品牌力量，为人民群众打造美好人居，为建设更加和谐美好的新农村贡献力量。

再次唱响刁窝镇

北新建材作为央企，持续深化文化进村活动，以文化为媒介，搭建企业与乡村之间的沟通桥梁，共同推动乡村振兴战略的深入实施，用好材料适配新农村，为乡村带来更加丰富多彩、高品质的生活体验，也促进了文化的延续与传承。

时光荏苒，又到初秋，北新建材"人和"音乐会时隔一年再度走进涿州市刁窝镇刁四村。

2024年8月24日，夜幕低垂，刁四村村西小广场上，舞台灯光闪亮，数百名乡亲从十里八乡赶来围坐在台下。一场由北新建材龙牌漆、防水材料、涂料三大板块员工，与经销商、刁四村的乡亲们自导自演的2024版"村晚"在这里上演。

老朋友再相会，这是北新建材继2023年文化下乡系列活动后，与刁窝镇再携手，以文化为媒解锁国货潮品，用创新材料服务美丽乡村的又一次创新活动。

老朋友相会　歌浓情更浓

当鼓声响起，音乐会现场一片荧光闪烁。刁四村夕阳红舞蹈队动作整齐划一，鼓点铿锵有力，瞬间点燃了现场的热情，拉开了演出的序幕。

2024年，村民们的演出热情更为高涨，节目既融合传统文化，又展现地方特色。传统戏曲河北梆子高亢激越、小朋友们的武术表演刚劲有力，幼儿园老师们带来的手语舞蹈温暖人心，太极功夫扇表演既有太极拳的圆润流畅，又展现扇子舞的传统韵味。

经销商带来歌曲《精忠报国》，深情而充满力量的演唱蕴含着对英雄的敬仰和对国家的热爱，激发着现场每一位听众的爱国情怀。

北新建材龙牌公司、北新防水、北新涂料的员工们也带来精彩的表演。歌曲《我们是工农子弟兵》如同历史的号角，激励着每一位在场的人铭记先辈的奋斗足迹，继续前行在建设美丽新农村的征途上。歌曲《中国人》以其磅礴的气势和深情的词曲，唱出了中华民族的骄傲与自豪。歌曲《天地龙鳞》则将观众带入了一个古老而又神秘的世界，感受传统文化的洗礼和启迪。歌曲《平凡之路》以其温柔而坚定的力量，为音乐会增添了一抹温暖的色彩。

　　全体参演人员带来的歌曲《明天会更好》更是把晚会推向了高潮，积极向上的旋律和鼓舞人心的歌词引发了全场的大合唱，激发了大家对未来的美好憧憬和坚定信念。

　　星空璀璨，微风轻拂，音乐悠扬。刁窝镇刁四村村西的小广场上，台上演员与台下村民含笑的脸庞被灯光照亮，共同享受着这段美好时光。

传统文化与现代工业交融

音乐会期间，北新建材向刁四村赠送了中轴线印章。

音乐会前夕，为庆祝北京中轴线申遗成功，北新建材承办了"印记北京中轴线——大众篆刻作品展"印记景区活动，以国潮品牌力量传承非遗文化，为北京中轴线注入时代新活力。北新建材把这一文化活动的纪实视频带到音乐会现场，让村民们近距离看到用新型建材制作的印章，感受到传统工艺与现代工业和谐交融的生动画面。

"今天非常感动，时隔一年，大家再一次相会在'人和'音乐会上。看着熟悉的脸庞和焕然一新的村庄，我们与刁窝镇的乡亲们走得更近，走得更亲了。今后，我们也希望以北新建材的力量，助力传统文化走进乡村，同时把我们物美价廉、创新环保的产品带到乡村，与乡亲们一起共建美丽家园，迎接美好明天。"北新建材代表说。

以情会友，乡情更浓。音乐会前夕，北新建材与刁窝镇携手举办了一场别开生面的趣味运动会。运动会中，欢声笑语不断，增进了友谊，也加深了情感。

把好材料送到村民身边

不同于2023年刚刚经历洪灾，2024年的刁四村一排排房屋崭新整齐，一条条村道平坦绵延，呈现在眼前的是一幅美丽和谐的新农村画卷。

自2023年起，北新建材加速向消费类建材制造服务商转型，提出"用好材料适配新农村"的口号，深入推进以县城为重要载体的城镇化建设，创新"从公装到家装、从城市到县乡、从基材到面材、从产品到服务"四个转变服务模式。

音乐会现场，也宣布了北新建材第一家北新雨燕工坊将在涿州基地建成。北新建材将优化石膏板、防水材料、涂料产品组合解决方案，把"好材料"送到村民身边，让乡亲们开着自家的三轮车就可以直接到工厂店买货。

音乐会举办时正值北新建材成立45周年文化节开幕前夕，为了感谢广大乡亲们的支持，现场给乡亲们派发优惠券，安排咨询摊位，提供折上折的大力度优惠。音乐会现场还安排了多轮互动抽奖环节，现场热烈的气氛也一次次被点燃。

文化振兴不仅是乡村振兴的"根"与"魂"，也是乡村振兴的源头活水。北新建材作为央企，持续深化文化进村活动，以文化为媒介，搭建企业与乡村之间的沟通桥梁，共同推动乡村振兴战略的深入实施，用好材料适配新农村，为乡村带来更加丰富多彩、高品质的生活体验，也促进了文化的延续与传承。

涿州试点试出工厂店

涿州洪灾后，涿州基地焕新升级。北新建材积极响应国家乡村振兴战略，推动"四个转变"落地，以涿州基地为试点，开展"好材料适配新农村"的全产品协同试点行动，开设工厂店——北新雨燕工坊解决了群众"最后一公里"购买难题。

"大爷,这是我们的'精致'套餐,包含石膏板、龙骨、涂料和防水产品,可以根据您家的需求给您定制设计和服务。"2024 年深秋,北新建材第一家北新雨燕工坊落户涿州基地。店内,销售人员正在热情地向前来咨询和购买的乡亲们介绍。店外,汽车、电三轮、自行车停满了门前的小广场。

从 2023 年洪灾时整个涿州基地停摆,到灾后一个月实现全面复工复产,建材下乡、文化进村,到如今在涿州基地开设工厂店,北新建材积极响应国家乡村振兴战略,推动"四个转变"落地,不仅让涿州基地焕发新生,还瞄准县乡市场,开展"好材料适配新农村"的全产品协同试点行动,开设工厂店解决了群众"最后一公里"购买难题,助力美丽乡村建设。

全产品协同开新局

当前,我国农村居民形成的强大消费能力,已成为扩大内需、稳定增长预期的新亮点。县乡市场不仅是满足人们美好生活需要的重要载体,更是蕴藏着巨大消费潜力的"蓝海"。

面对这片"蓝海",北新建材加速推进"从城市到县乡"的转变,在原有业务布局基础上,全面加强业务融合协同,深入挖掘县乡市场潜力。

2024 年 7 月,在北新建材总部的统筹组织下,各板块群策群力,在县乡市场开展"好材料适配新农村"的全产品协同试点行动，试点选在涿州。

2023年夏天，那场洪灾让这座小城经受了巨大的考验。北新建材涿州基地作为涿州首批复产企业迎来了新生，通过建材下乡、文化下乡、创新营销等一系列活动，使品牌知名度与美誉度在当地显著提升，具有良好的群众基础。

自"好材料适配新农村"全产品协同试点行动在涿州开展以来，各板块公司协同作战，深入市场调研，了解分析客户需求，优化现有产品组合，集中推广，定点维护。"进村入户"做宣传，再次走进刁窝镇举办"人和"音乐会等，进一步扩大了品牌和产品的知名度和美誉度。

解决"最后一公里"购买难题

在试点行动过程中，多次有村民提到，如果家里装修，去哪儿购买建材产品，买多少，怎么搭配着买？其实，在2023年涿州洪灾后下乡摆摊时，就有村民提出这种问题。当时，摆摊的员工还多次上门帮助村民测量、计算产品用量。

如何满足老百姓家装定制化需求的"最后一公里"购买难题，开辟生产与消费之间的新通道，让县乡居民在家门口就能买到符合需求的产品？伴随这些问题，北新建材第一家北新雨燕工坊应运而生。

北新雨燕是北新建材的文创品牌，以雨燕为形，以文化为魂，北新建材致力于将高品质、富有文化底蕴的产品带入千家万户，让每一个家庭都能感受到传统文化的魅力与现代设计的便捷。

进入涿州基地大门，一眼便能看到位于办公楼前白绿色调的店铺。店铺由之前建设工厂时使用的集装箱房屋改造而成，全部使用北新建材的产品。可爱活泼的"小料""小龙""大禹"簇拥着"北新雨燕工坊""从工厂飞入寻常百姓家"几个大字，格外醒目。

店铺内，分为石膏板和"石膏板+"、防水材料、涂料三大产品区以及文创区，各类建材产品、文创产品摆放得井井有条，方便顾客选购。

北新雨燕工坊推出的"经典、精致、精彩"三种产品套餐，受到涿州当地老百姓的欢迎和认可。这些套餐涵盖北新建材石膏板、防水材料、涂料等全产品系列，可以针对消费者的不同需求，提供

可选择可定制的套餐，一站式满足家装需求。

"经典"套餐包含北新建材广受市场欢迎的经典款，物美价廉、性价比高。"精致"套餐主打"品质"，涵盖北新建材推出的国货潮品和各种高品质、有特色的产品，帮助老百姓打造有品质、有品位的家居空间。"精彩"套餐则突出科技性和功能性，可采暖、"会呼吸"、可定制造型的各类"绿色科技"产品，让现代家居生活充满科技感，大大提升生活品质。这些产品曾应用在我国重点工程项目上。如今，它们在北新雨燕工坊汇聚一堂，让老百姓在家门口就能享受到和鸟巢、大兴机场等同品质的产品。

与一般的工厂店不同，北新雨燕工坊注入了文化创意、休闲娱乐元素，设置了文创展区，意在打造集"全品牌宣传传播、全产品一体化销售、员工福利服务、文创价值延伸"于一体的沉浸式展示互动空间，旨在通过四大平台的协同运作，实现品牌力、销售力、文化力与员工凝聚力的全面提升，满足人民群众对美好生活的向往。

定制化产品为老百姓一站解忧

"这个板我在我们邻居家见过，2023年洪灾后，你们援助他家就用的这个，好看又防潮，冬天还能采暖！"一位村民摸着龙牌采暖板说。

"个性化定制，专业化服务"是北新雨燕工坊的特色，可以根据需求为消费者定制最优质、最划算的产品。

"装修我也是个门外汉，来你们这儿逛逛，听了讲解和推荐的方案，心里一下子有底了。原来做好防水这么重要，万能板安装这么方便。刷了贝贝漆墙面就不怕孩子画了，太适合我们孩子多的家庭了。"另一位马上要装修的村民说。

"我们工厂店还为消费者提供免费设计、个性化定制、专业化指导。老百姓有需求就可以来，用多少，用什么，怎么用都不用担心，我们有专人来服务，给大家答疑解惑、定制方案。"涿州北新雨燕工坊负责人在现场表示。

在文创区，琳琅满目的文创产品吸引了很多年轻人和小朋友们的围观。鼠标垫、水杯、便签纸、笔、笔记本、贴纸以及"小料""小龙""大禹"等IP玩偶……很多小朋友围在一起，兴奋地挑选。刚刚店员告知他们，一批文创新品很快就要上新了。

距离涿州基地近80公里外的北新建材总部，另一家北新雨燕工坊2025年年初已开业；在南方，福州小城大店也正在紧锣密鼓的筹备中……未来，将有更多的工厂店落地，它们与泰山石膏的"精彩在县"店、梦牌的专卖店、经销商一起，在全国形成立体式的营销网络，携手助力北新建材深耕县乡市场，为公司高质量发展注入更多动力和能量。

向绿而行

北新建材以"绿色科技 品质生活"为使命，以创新赋能，不断向绿而行，打造全生命周期的绿色建筑产业链，不断加快绿色低碳技术创新，开展广泛而深刻的绿色创新实践，取得良好的成效，成为建材行业实施清洁生产和发展循环经济的标杆。

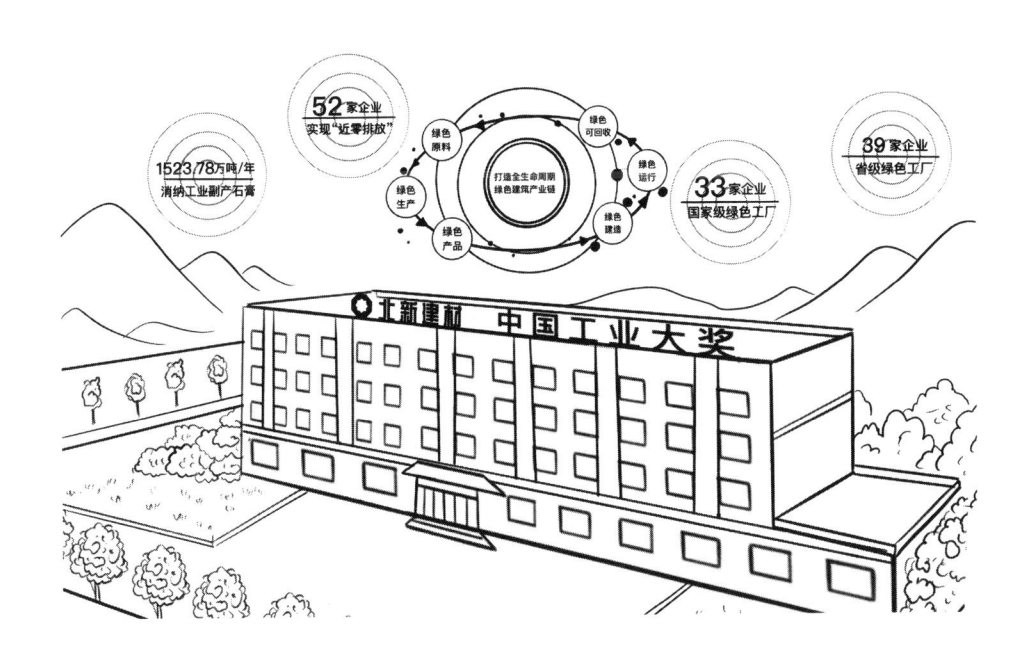

北新建材涿州基地是国家级绿色工厂，在涿州洪灾中短短一个月后便全面复工复产。这期间，受损的原材料和产品全部实现了回收循环再利用，用实践证明了北新建材货真价实、安全可靠。

涿州基地只是北新建材72家绿色工厂的缩影。作为世界500强企业中国建材集团旗下绿色建筑新材料产业平台，目前，北新建材正以"绿色科技 品质生活"为使命，加速向消费类建材制造服务商转型，不断深入进行绿色化发展探索，积极将理论基础落实落地，以优化生产力布局为重点，以原燃料替代、资源综合利用为主要手段，加快绿色低碳技术创新，开展广泛而深刻的绿色创新实践，取得良好的成效，成为建材行业实施清洁生产和发展循环经济的标杆。

从固废到石膏板的变身

石膏板作为墙体和吊顶材料广泛应用于住宅、办公楼、酒店等各类建筑。作为全球最大的石膏板企业，北新建材生产的石膏板是用土黄色的电厂固体废弃物脱硫石膏做的。

过去，生产石膏板的原材料主要是天然石膏矿，一方面，大量开采容易破坏环境；另一方面，脱硫石膏的处置又让电厂很费力。针对这种情况，北新建材率先参与和推动燃煤电厂进行环保脱硫改造，并采用全球主流的湿法脱硫技术路线，充分利用燃煤电厂脱硫改造后的脱硫石膏作为原材料。这样既节约了天然石膏资源，又减少了二氧化硫的排放及其带来的污染。同时，产品替代黏土砖可减少对耕地的破坏，为我国发展循环经济和节能减排事业作出重大贡献。

2004年，北新建材在电厂附近布局生产基地，一条条石膏板生产线陆续建成，北新建材也实现了全国布局，快速发展。2012年，北新建材拥有全资和控股的大型石膏板生产线54条、石膏板产能规模达16.5亿平方米，成为全球最大的石膏板产业集团。北新建材石膏板产能规模多年稳居世界第一，石膏板产能规模已超35亿平方米。2024年，北新建材共消纳工业副产石膏1523.78万吨，实现资源综合利用。

在绿色石膏板产品研发方面，北新建材自主研发的净醛石膏板的甲醛分解效率全球领先，相变石膏板技术也在全球率先实现工业化生产的突破。

生物质燃料助力节能减排

生物质是可再生资源，来源于农业、林业的过程废料，相较于传统的煤炭燃料，生物质燃料展现出了其独特的环保与经济优势，不仅减少了有害气体的排放，还以低廉的成本实现了废弃资源的有效整合，真正实现"变废为宝"。

泰山石膏（南通）有限公司是北新建材的下属企业，自2019年起便踏上了从传统燃烧煤炭向燃烧生物质转型的探索之路。彼时，泰山石膏（南通）有限公司面临的是生物质燃料成分复杂、碱金属含量高、密度低、挥发分高等一系列技术难题。若直接沿用原有的工业炉窑进行燃烧，不仅需要对上料系统、燃烧系统进行全面的优化和改造，还需进一步完善原料的检验标准，以确保生物质燃烧过程的效率与稳定。经过连续几年的经验摸索，泰山石膏（南通）有限公司最终完成了生物质燃烧供热系统的优化改造工作，实现了生产运行的长期稳定，既环保又取得显著的经济效益。

截至 2024 年底，北新建材 34 家石膏板企业均已实现不同比例的生物质燃料添加，其中单条生产线最高实现 100% 使用生物质燃料。2024 年使用生物质燃料近 30 万吨，为环境保护事业贡献了一份坚实的力量。

"近零排放"的清洁能源行动

北新建材坚持清洁燃煤的绿色化发展理念，早在 2015 年，便于国家燃煤指标与电力行业"超低排放"标准之上，创新性地提出了"近零排放"（即氮氧化物≤30mg/m³，二氧化硫≤20mg/m³，颗粒物≤5mg/m³）的概念，立志成为建材行业绿色发展的先行者。

考虑到石膏板行业存在生产工艺复杂、尾气排量小、缺少脱硝温度窗口等特点，北新建材加大研发投入，在行业内率先研发出小型燃煤工艺装备尾气"近零排放"处理技术理论基础，并于旗下企业逐一实践验证、不断精进。

故城北新是北新建材开展"近零排放"工艺改造的先行企业。2015年至2022年间，故城北新通过脱硫脱硝、除尘及回风等系统的持续改造和升级，优化生产工艺，打造出了一套既高效煅烧脱硫石膏，又通过多级精密净化技术，使废气排放逼近零排放极限的清洁燃煤供热方案。不仅彰显了北新建材的绿色环保使命担当，更实现了环境保护与生产效率的双赢。

截至2024年底，北新建材已有52家企业达到近零排放标准，实际效果优于电力行业"超低排放"指标。在推行燃煤"近零排放"工艺的同时，北新建材还在具备天然气供应条件的工厂，逐步实施"煤改气"改造，运用天然气替代燃煤作为燃料，同时采用低氮燃烧器，进一步降低颗粒物、二氧化硫、氮氧化物等污染物浓度，成功达到"近零排放"标准，解决了烟气排放难题，书写了建材行业绿色发展的新篇章。

光伏发电释放绿色新动能

随着全球对可再生能源的重视和需求不断增加，光伏发电作为可再生清洁能源的代表，凭借其零碳排放、成本低廉、安全高效等诸多优势，逐渐成为全球能源领域研究和应用的热点。为加快企业绿色化转型发展，节约生产成本、降低碳排放，北新建材经过充分的市场考察、理论验证，积极推动光伏发电改造项目。

光伏发电系统的引入，不仅显著降低了企业对化石能源的依赖，实现了真正的零排放，为低碳环保事业添砖加瓦，还确保了企业运营的电力供应稳定，提升了经济效益，为"双碳"目标的实现注入了强劲动力。北新建材还推广屋顶光伏项目，充分利用闲置屋顶，实现就近发电与使用，既节约了宝贵的土地资源，又彰显了企业的绿色担当。

截至2024年底北新建材已有14家企业完成光伏发电系统项目的改造，累计装机容量达到50.05兆瓦，在减污降碳、降低成本等方面成效突出，促进企业"碳达峰、碳中和"目标达成。

未来，北新建材将不断创新和优化产品的结构、性能，以创新赋能，绿色打底，围绕绿色低碳建设目标，培育更多高性价比的绿色建材产品和技术。坚持用"绿色科技 品质生活"的企业使命，书写关于绿色高质量发展的北新答案。

逐浪数字潮

在数字化浪潮中，北新建材积极推进数字化转型，从"设计研发数字化、生产运营智能化、供应链管理数字化、经营管理一体化和用户服务敏捷化"五个方向进行转型思考，在生产基地进行数字化转型实践，积累了一些成功的经验。

在2023年8月初那场突如其来的洪水到来之前，在北新建材涿州基地内，数字化之光温柔地照亮了每一道生产工序，编织着高效与精细并存的梦。

石膏板生产线旁，全尺寸数据采集测量系统如同一位细心的工匠，精准抚过每一张石膏板的边角，宽度、厚度、立边的挺拔、楔形边的优雅，无一不在它的感知之下。那些稍有偏离标准的数据，立即被温柔地提醒，确保每一块石膏板都承载着匠心的温度与卓越的品质。

设备管理与预测性维护系统是工厂心脏的守护者，它深谙设备的每一个细微变化，将监测数据与变频器参数交织成一张智慧之网。通过相关性分析，它仿佛拥有了预知未来的能力，提前捕捉到设备潜在的每一次细微颤抖，及时诊断，迅速响应，让设备在稳定的轨道上悠然前行，大大减少了非计划停机的冷硬时刻，让生产的旋律更加流畅和谐。

智能视频算法是工厂安全的另一双慧眼。它静静地注视着生产现场的每一个角落，实时分析着摄像头的流数据，如同一位不知疲倦的巡逻兵。那些可能威胁生产安全的风险与违规行为，在它的敏锐捕捉下无处遁形。每一次记录都是对安全生产的坚守，每一帧画面都承载着对美好未来的期许。

那场洪水来势汹汹，虽然把这一切打断，但终被战胜。更大规模的数字化浪潮正席卷而来，各行各业无不紧跟潮流，积极谋求数字化转型。但是与机遇同时到来的，还有前所未有的挑战。如何把握数字化发展的脉搏，在数字化的大潮中找到自己的位置，是我们必须深思的问题。

近年来，北新建材积极推进数字化转型，从"设计研发数字化、生产运营智能化、供应链管理数字化、经营管理一体化和用户服务敏捷化"五个方向进行转型思考，率先在生产基地进行数字化转型实践，积累了一些经验。

天津北新：以"5G网络+数字化全链接"装备"智慧大脑"

天津北新坐落在天津市滨海新区杨家泊镇滨海物流加工区内，一期建设的年产3000万平方米纸面石膏板生产线及配套5000吨轻钢龙骨生产线于2019年验收投产。

天津北新坚持"绿色科技 品质生活"的理念，打造全生命周期绿色建材，充分利用数字化、信息化手段提升产品质量，实现设备创新、管理创新、技术升级。

天津北新与中国电信合作，对公司生产区域进行5G网络覆盖建设，通过5G切片技术打造边缘计算能力，实现多个管理子系统的安全有效联动，实现操作中控化、巡检视频化、产线智能化、现场无人化。

该项目首次采用非接触式激光测长仪，提高测量精度，稳定高精准生产。建立石膏板全尺寸数据采集测量系统，实现对石膏板全尺寸的实时监测。打造现场数据库，对现场数据进行规范化、模块化处理，便于数据远传和远程监控。应用设备管理及预测性维护系统，监测设备的温度、振动状态，预判设备潜在的异常行为，有效保障设备安全稳定运行。

通过5G网络与数字化管理平台充分融合，实现工业数据采集、外观尺寸检测、AI识别、设备预防性维护、智能云仓五类场景的应用，提高工作效率、稳定生产工艺、优化生产设备，为市场提供高附加值和节能环保的高端产品，进一步提升公司经济效益和综合竞争力。天津北新将建设基于5G的DCS控制系统，实现石膏板生产线集中控制，增强石膏板生产线控制系统与第三方系统互联的能力，提升企业数智化水平。

泰山石膏宜昌公司：以数字化赋能打造智能工厂标杆

在泰山石膏宜昌项目建设之初，便锚定行业智造标杆，采用行业最先进生产工艺技术进行设计，并吸取国内外行业先进经验将技术进一步优化。

制粉工艺首创开发了PID自动调节进料量，该工艺能更好保障建筑石膏的稳定高质量生产。制板工艺研发了粉态辅料、液态辅料集中智能配料系统。石膏板生产线应用同步测长技术和新型凸轮曲线控制方式，实现了石膏板的高精度切断，可达到误差±1mm的高精度裁切。

智能封边系统通过多点检测实现封边胶带、封边内衬断带报警及自动更换。码垛工段装备专用自动打包机械手可实现自动上板、自动贴标等功能。质量管理系统可实现成型站料浆堆积视觉监测和干燥机石膏板水分、石膏板外形全尺寸等关键质量参数的在线检测，让生产线关键设备、关键工艺的少人化甚至无人化操作变成现实。这些工艺装备的应用有效降低了劳动强度，提高了工作效率，稳定了生产过程，进一步提升了生产线的智能化水平。

宜昌项目还与中国电信联手建设厂区5G网络，为打造5G智慧工厂奠定了网络基础。网络建设在保障生产稳定性、安全性、可控性的同时，还可支撑各类业务生产环节基于5G的应用场景，实现各类数据在设备之间、设备和控制平台之间无线高速传输及响应。制造执行系统（MES系统）可实现生产计划管理、设备管理、备件管理、质量管理、库存管理、数据统计、报表生成等功能。

此外，引进先进的工业操作系统融合基地的智慧配电系统、MES 系统、生产 DCS 系统、监控系统、设备管理等系统，将数据汇总后进行大屏展示，形成了工厂数字化驾驶舱，为工业互联网平台构建基础底座，为进一步探索建设安全、高效率、高收益、智能化的现代化智慧工厂奠定了基础、树立了典范、积累了宝贵经验，大大推动了行业智能化发展进程。

北新防水：打造数字化防水系统

北新防水打造数字化防水系统，遵循"可靠耐用、绿色环保、施工便捷"的方针为用户提供"以人为本、绿色可持续"的防水产品和服务。

服务"以人为本"的服务需求，用户对防水产品和服务的需求不断变化且要求逐步升高，个性化的定制需求正在逐步代替传统的共性需求。符合可持续发展要求，产品和服务要遵循生态环境保护和可持续发展理念，充分考虑所处的环境特征，避免影响生态环境。提高资源利用效率，资源利用效率直接反映工程建造生产力发展水平，也决定工程建造相关企业的经营效益。以尽可能少的资源与时间投入交付功能更为丰富、品质更为优良的防水工程产品与服务，并在整个产业体系中构建高效的资源循环利用模式，是数字防水系统追求的重要目标。

在实践中，数字化发展不仅能够提高工作效率，还能够提供更好的服务。例如，可以通过数字化营销的方式实现与客户的实时互动，提供更加个性化和人性化的服务。同时，也可以通过数字化的方式提高内部管理的效率，降低运营成本。

数字化发展是一种必然的趋势。未来，北新建材将持续加强科技创新，推进新产品研发和数字化转型以推动公司高质量发展。我们相信，只要坚持不懈，就一定能够在数字化的道路上走得更远，走得更稳，创造更加美好的明天！

后记

生生不息的文化根脉

北新建材文化和精神在涿州基地流淌。涿州洪灾中，那些危急关头的挺膺担当，那些不顾危险的八方驰援，那些困难时刻的坚守与互助，那些真情服务的故事……其背后都有"北新建材"四个字，究其根本是因为我们都是北新人，同样的文化根脉、同样的价值观把大家凝聚在一起。

如今的北新建材涿州基地早已没有洪灾的痕迹，秩序井然。但似乎也有不同，新开的北新雨燕工坊涿州店人来人往，车间内"绿色科技 品质生活"的标语格外醒目，满载着产品的货车挂着"好材料适配好房子"的醒目横幅驶出基地……

洪灾是一场灾难，但涿州基地却能快速地从这场悲剧中走出来，实现自救、首批复工复产，并从危机中抓住机遇，打开一片新局面，在涿州市场获得政府和老百姓一致的认可。其背后的原因是什么？

"人和"法宝

回想2023年夏天，那些危急关头的挺膺担当，那些不顾危险的八方驰援，那些困难时刻的坚守与互助，那些真情服务的故事……其背后都有"北新建材"四个字，究其根本是因为我们是北新人，同样的文化、同样的价值观把大家凝聚在一起。

一进入涿州基地，办公楼前的"人和"石格外醒目。经过2023年夏天洪水的洗礼，岿然不动，一如它所代表的北新"人和"文化，在洪灾中凝聚起磅礴力量，最终取得了抗洪救灾和复工复产的全面胜利。

不仅在涿州基地，其实在北新建材总部和很多其他基地，都能看到"人和"石。"人和"文化起源于北新建材"敬业爱岗、以厂为家"的"大院文化"，是公司深厚文化基因的集中体现，是公司从"资合"到"人和"的精神基石，也是企业凝心聚力的重要载体。

北新建材将员工、商业伙伴、利益相关方、社会各界视为"北新人"的一分子，"人和"是以人为本，是坚守初心，是团结奋进，是创新动力，是幸福源泉，是企业高质量发展的强大精神动力。数十年来，"人和"早已成为公司实现高质量发展的强大精神动力，也是北新建材在发展路上战胜一切困难的底气与信心。

在这次涿州抗洪和重建过程中，包括员工、合作伙伴在内的所有北新人，众志成城，取得了抗洪救灾和复工复产的胜利。北新建材抗洪救灾青年突击队被评为"全国优秀青年突击队案例"。正是"人和"文化的力量在鼓舞和激励着每位北新人。

文化的超越

"人和"文化在北新建材的实践中不断超越自身，已经从一种内部的精神动力，转变为推动企业发展和社会贡献的行动力量。

洪灾后，北新建材积极参与涿州市重建工作，努力化灾难为机遇，变压力为动力，积极履行央企责任，创新服务人民群众。发挥建材企业的优势，在受灾严重的村镇开设"建材大集"、以成本价"摆摊下乡"，设置几十家放心店，以"最快"速度、"最低"价格把"最优"产品和服务送到村民身边；针对洪灾后墙体受潮返潮严重的情况，北新建材单独设计了装配式的排湿通道和排湿隔墙，让受损房屋随时可以施工并尽快达到入住条件。针对重灾户，组建"农居焕新"小分队，无偿修缮房屋，量身定制装修方案，仅用一周时间完成修缮工作，以绿色科技提升农居设计感、美感和舒适度。

北新建材为帮助村民拾起重建家园的信心，与涿州市刁窝镇合作开展以"绿色科技、品质生活，共建美好家园"为主题的文化进村活动，举办墙体彩绘活动、抗洪主题作品展，展现这段时光里同心同向的力量；举办刁窝镇站"人和"音乐会，提振灾区群众重建家园的信心，以"文化进村 建材下乡"新模式服务灾区群众，用绿色科技和一片赤诚为灾区群众打造品质生活。

"感谢共产党，感谢政府，感谢北新建材"，2023年夏天，韩大爷坐在修缮一新的家里说的这句话感动了现场很多人。时隔一年后，韩大爷在与援建员工视频时，一句"想你啦"更是感人至深！洪灾是一场灾难，但却开启了一段美好的缘分。北新建材援建员工已经连续两年与韩大爷一起过节，相处得像亲人一般。

自己淋过雨，所以也想为别人撑把伞。北新人用一言一行践行着"人和"文化，汇聚成众志成城、重建家园的宏大壮歌。

生生不息的文化

2023年，北新建材焕新发布"绿色科技 品质生活"企业文化体系。"人和"文化正是其重要的组成部分。

北新建材"绿色科技 品质生活"企业文化体系既是对中国建材集团企业文化和北新建材原有企业文化的传承,也是北新建材在新发展阶段加速向消费类建材制造服务商转型,推动"从公装到家装、从城市到县乡、从基材到面材、从产品到服务"四个转变的迫切需要,有助于"一体两翼 全球布局"新发展战略的推进落地。

在涿州洪灾中,正是企业文化这一无形的力量,如同灯塔般指引方向,凝聚人心,让大家在逆境中寻找到希望和机遇。"绿色科技 品质生活"的企业使命,"创新、绩效、和谐、责任"的核心价值观,"人和、朴实、热爱、奋斗、圆梦"的文化实践等,这些企业文化在平日里或许只是墙上的标语,但在危机面前,它们却成为了连接每一个北新人的精神纽带,唤醒每一位员工内心深处的力量。大家不仅仅是同事,更是并肩作战的战友、家人。面对困难,没有人退缩,反而更加坚定了共同奋斗的决心。

洪灾中受损产品的绿色循环回收,让"绿色科技"名副其实;公司以人为本,把员工生命安全放在第一位,为受灾员工提供援助,让"品质生活"不仅是对社会的担当,更是对每一位员工的许诺。

企业文化不仅帮助涿州基地在危机中站稳脚跟,更让其在逆境中实现了自我超越,为企业的长远发展奠定了坚实的基础,是对北新建材推动"四个转变"的一次生动实践和突破。一系列创新服务和文化活动,树立了良好的企业和品牌形象,灾后在涿州市场上取得了市占率90%的亮眼成绩。

如今，北新建材正在加速向消费类建材制造服务商转型，从质量、技术、品牌等方面积极推动产业升级。其中的每一步，都凝聚着北新人对企业文化的不懈追求和坚定信仰。在这个过程中，企业文化在不断丰富，以文化聚人心，以文化促发展，生生不息。

心怀"国之大者"，情系"万家幸福"，奋进的北新人总是心中充满力量、怀有担当，坚毅前行。我们与涿州的故事还将在这片土地上延续……所有心里裹着光的人，让我们一路同行！